J.D.Rockefeller

洛克菲勒自传

[美] 约翰·D.洛克菲勒 著 亦言 译

中国友谊出版公司

图书在版编目（CIP）数据

洛克菲勒自传 /（美）洛克菲勒
(Rockefeller,J.D.) 著；亦言译. -- 北京：中国友谊
出版公司, 2013.10 (2025.6 重印)
ISBN 978-7-5057-3228-5

Ⅰ. ①洛… Ⅱ. ①洛… ②亦… Ⅲ. ①洛克菲勒,
J.D. (1839～1937) －自传 Ⅳ. ①K837.125.38

中国版本图书馆CIP数据核字(2013)第164951号

书名	洛克菲勒自传
作者	[美] 洛克菲勒
译者	亦言
出版	中国友谊出版公司
发行	中国友谊出版公司
经销	新华书店
印刷	三河市龙大印装有限公司
规格	889毫米×1194毫米　32开
	7印张　140千字
版次	2013年10月第1版
印次	2025年6月第16次印刷
书号	ISBN 978-7-5057-3228-5
定价	29.80元
地址	北京市朝阳区西坝河南里17号楼
邮编	100028
电话	(010) 64678009

版权所有，翻版必究
如发现印装质量问题，可联系调换
电话　(010) 59799930-601

引 言

人生到了某个阶段，就会愿意回顾往事。回忆构筑了人生的精彩，我也正变成这样的人，急于与人分享我过往的人生，回忆那些对我产生过重要影响的人。他们大多是这个国家中最优秀的人，尤其是商界人士。我将要记录下来的事件，对我而言具有重大意义，它们是我记忆中无法磨灭的部分。

如何把握个人隐私的曝光程度，或者说如何保护自己免受伤害，一直是颇具争议的问题。过多谈论自己的所作所为，会引起自大的嫌疑；而保持缄默，又容易遭到误解，因为这会被认为是心虚的逃避。

我不习惯将私生活公开，但家人和朋友认为我有必要把被曲解的事情阐述清楚，做出记录，我听从了他们的建议，并期望通过这种方式重拾生命中的珍贵回忆。

此外还有一个原因：如果广为流传的事情只有 1/10 的真实度，就一定会有我忠诚而又能干的朋友因此蒙冤，他们中的许多人已经与世长辞。本来我已决定保持沉默，希望由历史做出公正裁决，将真相昭告天下。但既然我还活着，能够证明一些事情，似乎就应该站出来，澄清这些颇具争议的事情，否则人们必将继续蒙在鼓里。

这些事情关乎逝者的声誉及生者的生活，因此公众应该在做出最终评判前，充分了解真相。

在我写下这些回忆的文字时，我并没有想过将它出版，甚至没有把它当作一部非正式的自传，所以叙述比较随意，没有章法。

多年来，朝夕相处、亲密无间的合作伙伴和同事间的深厚友谊，带给了我无比的快乐和满足，但这只是对我而言。长篇大论地写起来肯定会让读者感到厌烦，因此，我在书中只提到了其中一些朋友，正是他们铸就了我商业上的成功。

约翰·D. 洛克菲勒

1909 年 3 月

目 录

第一章　旧朋老友 /1

第二章　获取财富是困难的技艺 /17

第三章　标准石油公司 /29

第四章　石油行业的经历 /43

第五章　其他的商业经历和商业原则 /67

第六章　赠予的艺术 /81

第七章　慈善托拉斯：赠予合作原则的价值 /97

附录　洛克菲勒信札 /113

第一章　旧朋老友

阿奇博尔德先生

请大家原谅我的絮叨，因为这只是一些零散、个人的回忆。

回顾这一生，脑海中最鲜活的记忆便是与老同事的相处。本章没有谈起的朋友，并不是说对我不重要，我只是打算在后面的章节中谈论那些早期的朋友。

我们可能会忘记与老朋友的初次相逢，或对其的第一印象，但我永远不会忘记与标准石油公司现任副总裁约翰·D. 阿奇博尔德先生（John D. Archbold）初次相见时的情形。

那是35或40年前，当时我正在全国范围内进行考察，与生产商、炼油商、代理商交流，了解市场，寻求商机。

一天，油田附近举行聚会，当我到达时，里面已经挤满了石油行业的商人。我看到签到本上写着一个大大的名字：约翰·D. 阿奇博尔德，每桶4美元。

这是一个活力四射、个性十足的家伙，甚至不忘将广告语写到签名本上。没人怀疑他对石油业的坚定信念。"每桶4美元"的呐喊吸引了众人的目光，因为当时原油的价格远低于此——因为这个价格令人难以置信。虽然阿奇博尔德先生最终不得不承认,原油不值"每桶4美元",但他始终保持着热情、干劲和无与伦比的影响力。

他天性幽默。有一次,他出庭做证时,对方律师问他:"阿奇博尔德先生,你是公司的董事吗?"

"是的。"

"你担任的职务是什么?"

他立刻回答道:"争取更多分红。"这个回答将那位学识渊博的律师引向了另一个问题。

我一直惊叹于他的卓越能力。我现在不常见到他,他总是日理万机,而我则远离了喧嚣的商界,打打高尔夫球、种种树,过着农夫般的田园生活,即使这样我也感到时间不够用。

既然说到他,我就不得不提到在标准石油公司工作期间,他们对我的莫大帮助。能够与这么多能力超群的人共事多年,是我极大的荣幸,他们现在都是公司中举足轻重的人物,公司因他们得以不断发展壮大,走到了今天。

我与大部分同事都结交多年,到如今这个年纪,几乎不到一个月(有时甚至让我觉得不到一周),便会收到某位同事的讣告。最近,我数了一下已经去世的早期同事,还没数完,已有六十多个。他们是忠实、真挚的朋友。我们曾共同努力,度过了艰难的时光。我们曾讨论、争执、斟酌,直到达成共识。我们彼此坦诚相对,做事光明磊落,对此我一直感到十分欣慰。没有这些基础,商业伙伴是无法取得成功的。

当然,要让这些意志坚定、态度强硬的人达成共识并不是一件容易的事儿。我们的做法是耐心倾听、坦诚讨论,把所有细节都拿到桌面上分析,尽量做到了解彼此的想法,从而做出一致的决定。这些人中保守者占了大多数,这无疑是件好事,因为大公司总是有一味扩张的冲动。成功人士通常会比较保守,因为一旦失败,就会失去很多。同样幸运的是,也有一些野心勃勃、敢于冒险的同事,他们通常很年轻,虽然支持者少,但敢做敢为,极具说服力。他们希望有所作为,并快速付诸行动,他们不介意承担压力,勇于负责。我对两派人碰撞时的情形记忆深刻。不管怎样,我都是属于激进派的。

争论与资本

我有一个合作伙伴,已经建立了宏伟大业,生意红火,蒸蒸日上,他坚决反对企业改进计划。这个方案耗资巨大,大约要花费300万美元。我们反复讨论,共同分析了所有利弊,并且运用了能够获得的所有论据,证明了这个计划不但有利可图,更重要的是能够保持住我们的领导地位。这位老合作伙伴却异常固执,不肯屈服,我甚至能够看到他把手插到裤兜里,昂头站在那里,摆出抗议的姿态,歇斯底里地喊着:"不行!"

一味捍卫自己的立场而不考虑现实条件,是一件很无奈的事情。他失去了冷静的判断，思维已经处于停滞状态，只剩下了固执。就像我前面所提到的，这个方案对企业至关重要。但我们不能和合作伙伴翻脸，尽管我们做好了让他屈服的决定。我们尝试通过另一种方式说服他，于是对他说："你说我们不需要花这些钱？"

"是的，"他回答道，"投入这么一大笔钱，可能需要很多年才见到收益。现在工程进展良好，不需要新建设施，保持现状就足够了。"

这位合作伙伴明智多才、阅历丰富，比我们所有人都更熟悉这个行业。但我们已经决定实施这个方案，即使他不同意，我们也愿意等。等到气氛渐渐平和下来后，我们又把这个方案提了出来。我采用了新的方式来说服他。我说："那由我独自出资，承担风险。如果这项支出被证明有利可图，公司就把资本还给我；如果亏损了，损失就由我来承担。"

这些话打动了他，使他不再像原来那么固执了。他说："既然你这么笃定，那还是共担风险吧。如果你可以承担这个风险，我想我也可以。"事情就这么定下来了。

我想，所有企业都面临着发展方向与进程的问题。我们的企业当时正处于快速发展期，到处大兴土木，扩展疆域。我们要不断应对新的突发事件。发现新油田后，必须马上制造出用来储存原油的油罐；旧的油田日渐枯竭，我们也要因此面临双重压力，一方面要放弃旧油田中已经建好的整套设备，另一方面又必须在毫无准备的新油田附近建造工厂，做好储存和运输石油的准备。这构成了石油贸易成为风险行业的原因。好在我们有一个勇敢无畏的团队,能够全面而有效地把握风险和机遇,这对于企业来说是极为重要的原则。

我们反复讨论那些棘手的问题。有些人急于求成,希冀马上投入大量资金;其他人则希望稳健前进。这通常是一个妥协的过程,但每次我们都将问题提出来,逐一解决,既不像激进派所希望的那么冲动,也不像保守派所希冀的那么谨慎,但最终双方都能达成共识。

成功的喜悦

我最早的合作伙伴之一——亨利·莫里森·弗莱格勒先生(Henry Morrison Flagler),一直是我的学习榜样。他总是冲在前面,尝试各种大项目,并且一直积极努力地处理每一个问题,公司早期的快速发展很大程度上应归功于他惊人的干劲。

像他这样功成名就的人,大部分都希望退休,享受安逸的晚年生活。但他却孜孜不倦地奋斗了一生。他独自承建了佛罗里达州东海岸铁路。他计划建造了从圣·奥古斯丁至基韦斯特(Key West)600多公里的铁路。这对任何人来说都是一项足以傲世的大事业,他却并不满足于此,又建立了一系列豪华酒店,吸引游客到这个新开发的国家来旅游。更为重要的是,他对一切运筹帷幄,并取得了巨大的成功。

他利用自身的干劲和资金,推动了大片国土上的经济发展。本地居民和新来移民,都拥有了产品交易的市场。他为成千上万人提供了就业机会，更重要的成就是，他承担并完成了一项筹划多年的工程伟业，即建造穿越大西洋，从佛罗里达群岛至基韦斯特的铁路。

这些事都是在他在已经到达事业顶峰后做的，任何人如果处于他当时的位置，可能都会选择退休，享受安逸的生活。

初次见到弗莱格勒先生时，他还年轻，为克拉克—洛克菲勒公司代销产品。这个年轻人积极主动、冲劲十足，给我留下了深刻印象。在石油行业发展时，他作为一名代销商，与克拉克先生在同一栋楼里工作。那时，克拉克先生已经接管了克拉克—洛克菲勒公司。不久，他便买下了克拉克先生的股份，并购了他的公司。

我们见面的机会自然多了起来。与生活在纽约等地的人相比，在克利夫兰那样的小地方，人与人的联系更加紧密。我们的关系也从生意伙伴逐渐发展为友谊。随着石油贸易的不断发展，我们需要更多的支持和帮助，我想到了弗莱格勒先生，希望他能加入到我们的行列。他接受了邀请，这段持续终生的友谊便由此开始了，并且从未间断过。这是一种基于商业合作的友谊。弗莱格勒先生曾说过，这种关系远远好过基于友谊的商业合作。我后来的经历也证实了这一点。

我们并肩战斗了许多年：在一个办公室工作，住在同一条街——欧几里得大街（Euclid Avenue）上，住所相距只有几步。我们一起上班，一起回家吃午餐，饭后一起回办公室，晚上又一起回家。我们边走边思考、交谈、做计划。所有的合同都由弗莱格勒先生起草。他在这方面很强，总是能够清晰准确地表达出合同的目的和意图，保证对签约双方公平公正。我还记得他经常说的话：在签订合同时，必须设身处地、用同一标准考虑双方的权益。这就是亨利·莫里森·弗莱格勒先生的行事方式。

有一次，弗莱格勒先生问都没问就接受了一份合同，这让我十分吃惊。那次，我们决定买一块地建炼油厂，这块地属于我们熟悉的一位朋友——约翰·欧文。欧文先生随手拾起一个马尼拉纸做的大信封，在背面起草了土地买卖合同。合同的条款与常规的此类合同类似，只有一处写了"南面界线到毛蕊花秆处"这类定义模糊的话。但弗莱格勒先生说："好的，约翰。我同意这份合同，但是如果将毛蕊花秆换为合适的标桩处，这份文件就将准确而完整。"确实如此，有些律师甚至可以拜他为师，学习起草合同，这对他们肯定有好处，但可能法律界的朋友会觉得我有失公允，所以我不会强求大家同意这个观点。

关于他，还有一件让我十分钦佩的事。在公司发展的早期，他坚持炼油厂不能依照当时的惯例，建得轻薄简陋。当时的人都担心石油会消失，花在建筑上的钱会打水漂，所以都用最劣质廉价的原材料建厂。虽然不得不承担这项风险，但他始终认为既然选择了这个行业，就必须充分地了解它，尽全力做好它；我们的设备都应该坚固结实，必须竭尽全力争取最好的结果。他坚持建造高标准炼油厂的信念，似乎石油行业将经久不衰。他坚守信念的勇气为公司后来的发展奠定了坚实的基础。

今天仍在世的人每当回忆起这位聪明智慧、乐观真诚的年轻的弗莱格勒先生，无不点头称赞。他在克利夫兰收购某些炼油厂时，表现尤为活跃。一天，他在街上偶遇一位德国老朋友，这位朋友曾是个面包师，多年前弗莱格勒先生卖过面粉给他。他告诉弗莱格勒先生，他已经不做面包生意了，正经营一个小炼油厂。弗莱格勒先生很惊讶，他不赞成朋友把资金投到建炼油厂上，觉得肯定不会成功。起初他感到帮不上什么忙，但他一直想着这件事儿，这让他很困扰。最后他跑来跟我说："那个面包师懂得如何烤面包，但对于炼石油，他并不在行，但我还是想邀他加盟，否则我会良心不安。"

当然我同意了。他与那位朋友谈了一下，他的朋友表示愿意出售炼油厂，但想我们先派人估价，这不是问题。我们派人去给他估价，却出现了一个意想不到的难题。面包师对出价很满意，但坚持让弗莱格勒先生给他建议，是应该收取现金，还是换取同等票面价值的标准石油公司的证券。他告诉弗莱格勒先生，如果收取现金，他便可以还清所有债务，免去许多烦恼；但如果证券将会获得不错的分红，他就想试一下，得到长期的收益。这对弗莱格勒先生来说，是一个相当困难的提议。起初他拒绝表达个人观点，但这个德国人非常固执，非要知道弗莱格勒先生的意见，不让他逃避本不属于他的责任。最后，弗莱格勒先生建议他收取一半现金还债，另一半换购证券。他照做了，并且购买了更多的证券，弗莱格勒先生又一次给出了正确的建议。我相信他在这件事情上花费的时间和精力，绝不亚于处理其他大事所花费的时间和精力,这件事情也完全可以作为考量一个人的标准。

友谊的价值

老一代人的故事可能缺少很多吸引力,但却不是没有一点用的。故事兴许乏味,却会让年轻人认识到,无论在人生的哪个阶段,朋友的价值都是无与伦比的。

当然,朋友有很多种。尽管有亲有疏,但都应该保持联系。无论哪种类型的朋友都很重要,在你老去时,会更深切地体会到这一点。有一种朋友,在你需要帮助时,总是有理由不帮你。

"我不能把钱借给你,"他说,"因为我和合作伙伴有协议,不能把钱借给别人。"

"我非常愿意帮你,但现在确实不方便。"诸如此类的理由。

我并不是要指责这种友谊。因为有时是性格使然,有时他们是真的心有余而力不足。我的朋友中,这种类型的人很少,大部分都能为朋友两肋插刀。我有一个朋友尤其如此,初次见面时,就对我非常信任,他就是 S. V. 哈克内斯(S. V. Harkness)。

一次,一场大火将我们的石油仓库和炼油厂在几个小时内夷为平地——所有一切都毁了。虽然可以得到保险公司赔偿的几十万美元,但我们担心索赔过程会耗费太多时间。工厂需要立刻重建，资金问题亟待解决。哈克内斯先生一直对我们的生意颇感兴趣，于是我对他说：

"我可能需要向你借一些钱。我不确定最后是否需要，但还是想先询问你一下。"

他听后，并没有要求我做更多解释。

他只说："好的，约翰，我会尽我所能帮助你。"

听到这话，我马上从烦恼中解脱出来，一身轻松地回了家。很快，我们就收到了利物浦伦敦环球保险公司的全额赔款。尽管最终没有向他借钱，但我永远不会忘记在危难时他给予我的精神上的莫大安慰。

我很庆幸有这么多热心相助的朋友。创业之初，公司发展迅速，需要大量的资金。虽然银行一直慷慨地为我提供贷款，这场大火却让我意识到应该准备足够的现金储备，以应对随时可能出现的突发状况。

就在这期间，发生了另一件事情，再次验证了患难见真情的道理。不过我在许多年后才听说了这件事情的完整经过。

我们曾与一家银行有大量业务往来，我的朋友斯蒂尔曼·维特先生是该银行的董事。一次会议上，董事会将我们贷款的问题提出来讨论。为了打消其他人对此项贷款的质疑，斯蒂尔曼·维特拿来了他的保险柜，说道："各位，这些年轻人信誉良好，我希望银行在他们需要的时候，能够毫不犹豫地借给他们。如果你们还是不放心，那就用我的保险箱作为一个保证吧。"

当时为了节省运输费用，经常通过水路运输石油，我们为此借了大量的钱。我们已经在另一家银行争取了大量借款，行长跟我说，董事会已经过问此事，问及我们的贷款额度和信誉问题，可能需要面谈。我表示很荣幸与董事会见面，因为我们需要申请大量贷款。我们自然得到了需要的贷款，但并没有人约我面谈。

恐怕我对银行、金钱和生意谈论得太多了。我认为，花费大量时间，为挣钱而挣钱，是很可耻和悲哀的事。如果年轻四十岁，我愿意再战商界，因为与有趣、机智的人打交道是非常快乐的。但我还有许多其他的兴趣爱好，所以我更期待利用余生去继续和发展那些鼓舞人心的计划。

从16岁进入商界，到55岁退休，我工作了很长时间。但是我却仍然可以经常享受美好的休假时光。因为我有最高效的团队帮我分担重任。

我非常注重细节。我的第一份工作是簿记员，我对数据极其看重，无论它们有多细微。因而在早期的工作中，任何与会计相关的工作都会分派给我。我有一种追求细节的热情，这正是后来我不得不努力克服的。

我在纽约的波肯提克山庄（Pocantico Hills）拥有一栋旧房子，在里面度过了许多年简单而平静的生活。那里风景如画，引人入胜。我在那里研究美景、树林和哈德林河优美如画的景观，而那时的我本该争分夺秒地投身商业之中。因而我担心会被认为是不勤奋的人。

"勤奋的商人"这个词让我想起克利夫兰一位旧识好友，他对工作可谓恪尽职守、兢兢业业。我曾与他谈起我的一个特殊爱好——一些人称之为园林设计,对我来说只是设计林中小径之类的。毫无疑问,他觉得无聊透顶,不值一提。35 年来,这位朋友一直否定这一爱好,认为商人不应该把时间浪费在这种蠢事上。

在一个春意盎然的午后,我邀请他来观赏我在花园中设计并铺设的林中小径(在当时,这对商人来说是非常不合时宜的提议)。我甚至说要热情款待他。

"我来不了,约翰,"他说,"下午我手头有件重要的公事要办。"

"噢,但是,"我劝道,"你看到那些小径的话,会感到前所未有的快乐——两旁的大树和……"

"约翰,继续谈你的树木和小径吧!今天下午有条矿砂船要到,我正等着它呢!"他满心欢喜地搓着手。"即便错过欣赏基督教界所有的林间小径,我也不想错过看它开进来的那一刻。"他为贝西默钢轨合伙公司提供矿砂,每吨售价 120~130 美元,工厂就算停工 1 分钟等矿砂,对他来说都像是错过了一生的机遇。

于是他经常遥望湖面,精神紧绷,寻找着矿砂船的影子。有一天,一位朋友问他是否能够看到船。

"不能,"他不情愿地承认,"但它时刻在我眼前。"

矿砂业是克利夫兰最具诱惑性的行业。50 年前,我的老雇主从马凯特地区以每吨 4 美元购进矿砂,数年后,这个林间小径设计者正以每吨 80 美分的价格大量购进矿砂,由此发家致富。

这是我在矿砂业发展的经历,将在后面继续讲述。我想先提一下我精心研究了30多年的爱好——园林艺术。

景观路设计的乐趣

当我宣称自己是个业余园艺家时,很多人都感到惊奇,包括一些老朋友。我们需要决定在波肯提克山庄的什么位置建造新房子,于是家人为了防止我破坏家中的美景,甚至聘请了一位专业的园艺家。我的优势,在于熟悉这里的每一寸土地,对每一个角度的风景都了如指掌,所有的参天大树都是我的朋友——我已经研究了不下几百遍了;于是,在这位设计师设计好方案,画出草图后,我询问是否也可以参与这项工作。

几天后,我就设计出了图纸,道路设计的角度刚好捕捉到上山途中令人惊艳的景观。路的尽头,河流、山峦、白云和乡村美景相映成趣,这就是我做出的最佳规划。

"仔细权衡哪个方案更好?"我说。这位权威人士最终接受了我的方案,认为我的规划可以展现最美丽的景观,并同意了房子的选址。这令我十分自豪。我不知道自己到底利用业余时间设计了多少景观,可以肯定的是,我经常为此殚精竭虑,思考到深夜。我时常要考察路况,直到天黑无法看清小标桩和标记时才回来。这些谈论可能看起来有点自吹自擂,但这或许能为文章增添些趣味性,因为大部分的篇章都是在谈论生意上的事情。

我做生意的方式让我拥有了更多的自由，这与同时期一些经营有方的商人不同。即使标准石油公司的业务转移到纽约之后，我大部分时间仍然是待在克利夫兰的家中，除非是有必须出席的场合。大部分时间，我都是通过电报处理公司事务，留出了充足的时间发展自己感兴趣的事情——包括规划景观路、植树、培植小树苗。

在我经营的所有项目中，我认为收益最丰厚的就是我的小苗圃。我们保留了每一片苗圃的账本，不久前，我惊讶地发现从威斯特郡迁移到新泽西州雷克伍德（Lakewood）的幼苗，经过几年的生长，已经大大升值。我们种了上千棵幼树，尤其是常绿树——我认为可以种上万棵树，用于日后的种植计划。如果将幼树从波肯提克山庄移植到木湖市的家里，我们自己做自己的客户，按市场价计算，在波肯提克山庄，买入时的价格是每株5或10美分，但出售给木湖的家中，其价格每株可以达到1.5或2美元，我们可以小赚一笔。

种植业和其他行业一样，大规模的投资容易显出优势。种植和移植大树的快乐和满足感一直是我巨大兴趣的源泉——我所指的大树是直径在10~20英寸的树，或者更粗的树。我们购置挖掘机，与工人一起工作，只要你学会与树木相处，你就可以自由处置它们。我们移植的树大多是70或80英尺高，也有达到90英尺的。当然这些都不是幼树了。我们曾尝试移植各种树，甚至包括一些专家认为不可能移植成功的树。或许最大胆的尝试就是移植七叶树了。我们远距离运输这些大树，有的树甚至是在开花之后才被移植，每棵树的运输成本是20美元，绝大部分树都能成活。我们大胆尝试移植不合季节的植物，取得了令人满意的成效。

我们尝试了数百棵不同类型、应季及不应季的植物移植，包括刚开始学习时起，总的损失控制在10%内，可能更接近6%或7%。单季中移植的失败率大概是3%。有时大树的生长期可能会被延迟2年，但这是小问题，因为青春已逝的人们希望立刻获得他们想要的效果，而现代的挖树机可以帮他们实现梦想。我们曾将大丛的云杉分类、排列，以达到我们想要的目的。有时，甚至用云杉覆盖一整片山坡。橡树在较小时容易移植，长大之后便无法移植成活。橡树和山胡桃树接近成熟时，我们也不对其移植。但我们曾经甚至连续成功移植了椴木3次。移植桦树有点棘手，但除西洋杉之外，常绿树几乎都可以移植成功。

我很早便对园林规划产生热情。记得小时候，我想砍掉餐厅窗外的一棵大树，觉得它挡住了窗外的美景。家里有人反对这一想法，但我认为亲爱的母亲会赞同这一决定，因为她曾说："孩子，如果在8点吃早餐前，这棵树倒了，大家就会因为看到了被树挡住的美景，不再抱怨。"

于是我便这样做了。

第二章 获取财富是困难的技艺

家庭教育

我很感激父亲，他曾就职多家不同企业，因而时常跟我讲起工作上的事儿，并向我解释它们的意义。他还教给我许多做生意的原则和方法。很小的时候，我就有了一个小本子，用来记录我的收支情况，和定期的小笔捐款。我至今还保留着它，把它叫作"记账本A"。

我很庆幸生在中等收入者的家庭，一般来说，他们比富有人家的生活更加和谐，因为家庭事务需要全家参与，而不是由佣人代劳。七八岁时，我就在妈妈的支持下首次创业，做成了第一笔买卖。我养了一群火鸡，妈妈给了我一些牛奶的凝乳喂养它们。我精心照料着它们，养大后把它们卖掉。我一丝不苟在账本上进行记录，里面几乎全都是利润，因为没有什么需要支出的。

我非常享受这种小生意。直到今天，闭上眼时仍可以看到那群优雅而高贵的火鸡沿着小溪静静踱步，穿过丛林，溜回自己的窝。直到今天，我依旧喜欢观察、研究火鸡。

母亲对我们的管教十分严厉，我们一有变坏的苗头，她便用桦树条打我们。有一次,我因为捣蛋,被妈妈打了一顿。打完之后,我才想起来自己是无辜的。

"不要紧,"妈妈说,"这次既然打了,下次再犯错就不打你了。"很多时候,妈妈还是比较公正的。大人们严格禁止我们晚上溜冰。一天晚上,我们几个男孩子实在忍不住,偷溜了出去。还没有开始溜冰,我们就听到了求救声,发现是一个邻居踩碎了冰,掉到了水里。我们找了一根长杆,伸到水中,救了他一命。他的家人对我们万分感激。虽然并不是每一次溜冰都会救人一命,但我们都觉得,尽管没有听大人的话,但毕竟做了好事,所以可以减轻对自己的责罚。后来证明,这种想法是错误的。

开始工作

16岁时,我即将中学毕业,家人原本计划送我去读大学,但后来还是觉得应该先让我去克利夫兰的商业学校学习几个月。学校里教授簿记和一些商业贸易的基本原则。虽然只学了几个月,却让我获益匪浅。但是如何找到工作——仍然是个问题。几周时间,我走遍大街小巷,费尽口舌,询问商人和店主是否需要雇人,但我的自荐均以失败告终。他们不愿意雇用小孩,甚至有些人连跟我谈论这个话题的耐心都没有。终于,克利夫兰码头有一个人让我吃完午饭去他那里。这份工作机会让我欣喜若狂。

我焦虑万分，生怕失去这个好不容易争取到的机会。终于，约定的时间到了，我来到未来雇主那里，进行了自我介绍。

"我们将为你提供这个机会。"他说，却没有提薪酬的问题。这一天是1855年9月26日，我兴冲冲地到赫维特－塔特尔公司上班了。

我在工作上是有优势的。前面提过，父亲对我进行的培训很实用，商业学校的课程也教会了我许多商业知识，因此，我还算拥有一定的工作基础。更幸运的是，我在一位优秀簿记员的指导下工作，这让我受益匪浅。这位前辈勤奋而严格，在他的指导下，我很快成长起来。

转眼到了1856年1月，塔特尔先生付给我50美元作为3个月的工钱。毫无疑问，这是我应得的报酬，我对此十分满意。

第二年，我的月薪是25美元，还是原来的职位，学习各方面业务及与公司业务相关的文书工作。公司的主要业务是代理农产品批发和运输，我所在的部门负责账务。我的上司是公司的总簿记员，加上分红，他的年薪是2000美元。第一年年底时，他离开了公司，我接任了他的工作，年薪是500美元。

回首这段学徒生涯，我感触颇多，这段生活对我后来的事业发展产生了深远影响。

首先，我的工作地点就是公司。他们讨论公司事务，制订计划和做出决策时，我几乎都在现场。于是我比同龄人拥有了更多优势。这些孩子比我反应快，计算和写作也比我好，却没有我这么好的机遇。公司经营的业务多、范围广，我所受的锻炼、学到的东西也非常多。公司旗下有住宅区、仓库、办公楼等供出租，我负责收租金。公司通过铁路、运河和湖泊运输货物，经常需要进行各种各样的谈判和交易，这些也是我在密切跟进的。

和当今的办公人员相比，我当时的工作要有趣得多。我很享受工作带来的快乐。渐渐掌管了所有的账目审计，而我也认真地履行着自己的职责。

记得有一天，我在邻居的公司里，正好遇到当地一位铅管工前来收账。这位邻居业务繁忙，我总觉得他拥有的公司多不胜数。他只瞥了一眼账单，就对簿记员说："把钱付了吧！"

我们公司也聘用了这位工人。每次收账时，我都要认真检查账单，仔细核对每一项收费，即使是一分钱也要替公司节省下来，决不会像这位邻居一样敷衍了事。我的观点跟今天许多年轻人一样，我必须认真核对账单，避免让老板的钱流进别人的口袋，比花自己的钱还要小心谨慎。我笃定，像我邻居那样做生意是不会成功的。

递送账单、收租金、处理索赔等工作使我有机会接触到各种人。我必须学会和不同的人打交道，协调好他们与公司的关系。谈判的技巧非常重要，我竭尽所能地争取圆满结果。

例如，我们经常接收从佛蒙特州到克利夫兰的大理石，此类运输涉及铁路、运河、湖泊运输。运输过程中出现的货损货差须由三个承运人共同承担，而三方承担的责任大小是事先约好的。对于一个 17 岁的男孩来说，如何处理好这个问题，让包括老板在内的相关各方满意，确实是很费脑力的事。但这对我来说并不困难，印象中，我从没有和承运人有过纠纷。17 岁，是一个易受外界影响的年龄，而我在那个年龄段，在处理事务、遇到紧急情况时，能够得到前辈的指教——这是弥足珍贵的经历。这是我学习谈判原则迈出的第一步，后面我会更深入地谈到这一点。

在尽心尽责地工作中得到的锻炼，使我获益匪浅。

我估计，我当时的薪水远不及今天同等职位的人薪水的一半。第二年，我的年薪为 700 美元，但我觉得应该得到 800 美元。4 月时，我和公司就这个问题产生分歧，此时正好有一个做生意的好机会，我便辞职了。

当时的克利夫兰，人们几乎都彼此认识。有一个叫 M. B. 克拉克（M. B. Clark）的年轻人——可能比我大 10 岁——正在寻找合伙人开公司。他有 2000 美元资金，要求合伙人也提供相同的资金。这对我来说是个好机会，我已经存了七八百美元，关键是如何凑够剩下的钱。

我和父亲谈了这件事情，他说本打算在每个孩子满 21 岁时都给 1000 美元。如果我想现在拿钱的话，他可以预支给我，但在 21 岁之前，我必须向他支付利息。

"但是，约翰，"他补充道，"利率是 10%。"

当时，对于此类贷款，10% 的年利率是很常见的。银行的利率可能不会这么高，但金融机构不可能满足这类要求，所以出现了私人贷款。因急需这笔钱入伙，我欣然接受了这个条件，拿到钱，成为新公司的合伙人。新成立的公司叫克拉克－洛克菲勒公司。

当老板令我心满意足，充满了自豪——我是一家拥有4000美元资金的公司的合作人！克拉克先生负责采购和销售，我负责融资和记账。我们主营货物运输，生意很快做大，自然需要更多资金拓展业务。除了向银行借款外，没有更好办法了。问题是，银行会借给我们吗？

第一笔贷款

我找了一位相识的行长。我很渴望得到那笔借款，并与之建立起良好的合作关系。他是一位友好温和的老绅士，叫T. P. 汉迪（T. P. Handy），出了名的性格好。50年来，他一直致力于帮助年轻人。当我还在上学时，他就认识我了。我向他坦陈了公司的所有情况和业务内容，以及钱的用途，等等。之后，我便诚惶诚恐又满怀期待地等待着他的答复。

"你需要多少钱？"他问。

"2000美元。"

"好的，洛克菲勒先生，我们借给你，"他回答道，"只需要把你们的仓库收据给我，就足够了。"

离开银行时，我简直欣喜若狂。我高昂着头——想一下，银行借给我2000美元！我觉得自己是圈子里举足轻重的人物了。

汉迪先生成为我多年的好友。他在我需要资金时贷款给我，而我几乎每时每刻都需要资金，需要他所有的资金。后来，我怀着感激之情，推荐他买一些标准石油公司的股票进行投资。他表示想买，但手头没有闲钱，于是我提出借钱给他。后来，他收回了本金，并获得丰厚的收益。这么多年来，他一直对我如此信任，让我备感荣幸。

恪守经营原则

汉迪先生相信我们会采取保守、适当的经营策略来管理公司，所以才如此信任我们。在当时，坚守自己认为正确的商业原则很难。那时公司成立没有多久，我们最重要的客户——货运量最多的客户——提出要求，希望在拿到提货单前，我们能够提前把货给他。我们很想满足这个客户的要求，但作为公司的财务人员，尽管存在顾虑，我仍然拒绝了这一请求。

这事非同小可。我的合伙人对于我的态度很不耐烦。我决定亲自拜访这位客户，化解尴尬。我总能幸运地赢得陌生人的友谊，加上合伙人的不满情绪，这些激励着我背水一战。我认为自己能够让这位客户明白他的提议将会树立一个不好的范例。反复思考后，我认为自己的说辞逻辑性强，能够令人信服。见面后，我向他陈述了所有论据。然而他勃然大怒，拒绝认同我的想法。我不得不羞愧地向合伙人承认自己的失败。显然，我一无所获。

我的合伙人很担心失去最重要的客户，但我坚持认为应该恪守原则，不能答应货主提出的无理要求。事情并没有想象的那么糟，我们吃惊地发现他仍然和我们保持业务合作，就像什么事都没发生过，这让我们十分感动。后来我得知，诺沃克的一位叫约翰·加德纳的地方银行家，与这位客户交往甚密，一直密切关注着这件小事儿。直到今天，我仍认为是加德纳建议他用这种方法考验我们的商业原则。这个关于坚守商业原则的故事也为我们带来了许多商机。

差不多就在那时，我第一次尝试拓展市场，寻找商机。我几乎拜访了附近所有与我们所从事的业务有关联的人，也走遍了俄亥俄州和印第安纳州。我认为拓展业务最好的方法是先简单介绍公司情况，而不是急于推销业务。我介绍克拉克－洛克菲勒公司经营产品贸易，我并不想干扰他们当前的经营方式，但如果有机会的话，我们将竭诚为他们提供服务，等等。

令人振奋的是，生意很快上门，我们几乎有点应付不过来了。公司成立的第一年，我们的销售额便达到了50万美元。

之后的很多年，我们不断地需要资金来运营和拓展业务。尽管取得了一些成功，但每晚睡觉前，我都要告诫自己说：

"这只是小小的成功，不久你就会失败、跌倒。这才刚刚开始，你就以为自己是多么了不起的商人了吗？当心，不要昏了头——慢慢来。"不断的自我警醒对我产生了深刻的影响。

我担心事业的成功只是昙花一现，因此不断告诉自己，不要得意忘形。

我向父亲借了许多钱。这种金钱关系使我产生了很大压力。现在回忆起来会觉得挺轻松有趣，但当时却并非如此。有时候，他会跟我说如果需要钱，他可以借一些给我。我当然很需要，所以即便是 10% 的利息，我仍然对父亲感激不尽。但是在我最需要钱的时候，他却会对我说："儿子，我现在需要你还钱给我。"

"没问题，我马上还给你。"我会这样回答他。我知道他只是在考验我。他只是暂时把我还给他的钱收起来，之后还会再借给我。这点小压力或许对我会有帮助，但其实我非常不喜欢他这样考验我的经济能力和抗压能力，不过我从来没有把这一想法告诉过他。

10% 的利率

向父亲贷款的经历让我想起了早年，人们经常讨论借款的利率问题。很多人都反对 10% 的利率，他们认为只有丧尽天良的人才会收取这样高额的利息。但我认为，如果能够得到更高收益，那么这样的利率也物有所值——如果借款不能获得更高利益，人们就不会支付 10%、5%，或者 8% 的利息。当时，我一直需要借钱，所以从来不会质疑利率的高低。

我曾多次与别人讨论这个问题，其中与亲爱的房东太太的讨论最为激烈，给我留下了深刻印象。我和威廉上学时，曾寄宿在她家。我非常喜欢和她谈话，她是个能干的女人，也是个优秀的演说家。虽然每周只收1美元的食宿费，却无微不至地照顾着我们，所以我更加喜欢她。当时的小镇，食宿费基本都是这个价钱，食材基本都是自给自足的。

这位可敬的女士强烈反对放高利贷的行为。我们经常讨论这个话题。她知道我经常向父亲借钱，也知道他收取10%的利息。但这些并不会改变利率，利率只有在现金供给富足时才会下降。

我发现，既定的经济理论很难影响公众对于商业问题的既有观点——匆忙制定的条律并不能提升公众的认知。

现在的人很难想象当时为企业筹集资金是多么困难的事。在西部一些边远地区，利率甚至更高，而这些贷款通常都由个人承担风险。现在的商业环境已经与过去大不相同了。

反应迅速的借款人

说起从银行贷款的事，我想起了一次最艰难的贷款经历。我们要买下一家大型的公司，需要几十万美元的现金，不能用证券代替。我在中午接到这个消息，必须3点前完成任务。我开车去了一家又一家银行，和每个行长或出纳员沟通，希望他们尽可能在3点前为我准备好现金，我稍后就来取。我拜访了城市里所有的银行，又兜回来到各家银行取钱。就这样,终于在 3 点前完成了交易。早年的我是一个永不停息的旅行者,每天忙着视察工厂,开发新客户,拜访老朋友,制订企业拓展计划——所有这些工作都需要高效地完成。

募集教会资金

十七八岁时,我当选为教堂理事。这是一个教会的分会场,我经常听到主堂的教友对我们评头论足,似乎我们办得没有主堂好。这让我下定决心争一口气,向他们证明我们能够自力更生。

我们的教堂不大,并且做了 2000 美元的抵押借款,这对教堂来说很不光彩。

债权人一直催教会还款,但却几乎连利息都收不回。终于,债主威胁要把教堂卖掉。这位债主也是教会理事,但他仍执意要求还钱,或许他真的急需这笔钱。总而言之,他要卖掉教堂,拿回他的钱。结果是,在一个周日上午,牧师在讲坛上宣布,我们要向教友筹集 2000 美元,否则就会失去教堂。于是,我便站在教堂门口,向前来做礼拜的教友募集资金。

我拦住每一个经过的人,说服他们捐钱帮助教堂渡过难关。我情真意切,极力劝说。有人答应捐款后,我就把名字和捐赠金额记在我的小本子上,再接着说服下一个人。

这次募捐持续了几个月。捐款有几美分的,也有慷慨一点的人，承诺每个星期捐 25 美分或 50 美分。通过这些小额的募捐，筹集够 2000 美元的善款，确实是一项大工程。这个计划深深吸引了我，使我全情投入其中。这件事情及其他类似的事第一次点燃了我想要赚钱的念头。

尽管困难重重，我们还是筹集到了 2000 美元，还清了债务。那是扬眉吐气的一天。我希望主堂的人会对我们刮目相看，并为当初的轻视感到羞愧。但现在想来，我并不记得当时他们有多吃惊。

那时，募集资金，完成任务，对我来说是非常有趣的事情，我把它当成一种骄傲，而不是羞耻。直到后来，身上的担子越来越重，事务越来越多，我才让别人代劳做了这些事儿。

第三章　标准石油公司

无惧流言蜚语

在一个人员众多，机构庞大的企业中，如果没有一两个行事独特的人，那是很不正常的。即便在相对小规模的组织中，也难免会有一些颇受非议的人。仅从这些个别现象来评断整个企业的是非好坏，显然太不公平。

有人说我强迫石油界的人加盟企业。我还不至于如此目光短浅。如果我果真使用这种伎俩，我们还会维持一生的友谊吗？他们还会甘愿长年留守在公司，担任重要的职位吗？而且，假如他们是这样的软弱可欺，我们又怎么可能形成一个这样强大而和谐的团队？彼此间失去公平、和睦的相处模式，这个强大的团队就不会得到延续，也不会像现在这样越来越强大。14年来，我几乎不再参与公司的经营。近10年中，我只去过一次公司的办公室。

1907年夏天，我再次来到了标准石油公司办公楼顶层的房间，这是公司的高级职员和部门经理共进午餐的地方。我惊奇地发现，很多之前还是小人物的人，已经升职成为公司的中坚力量。我与新老朋友进行了交流，我欣喜地发现那种亲密合作的氛围依旧没有改变。百余人和睦融洽地坐在长桌子旁共进午餐是我一直提倡的，虽然看起来也许是微不足道的事。但如果他们是被迫建立的联系，他们还会持续跟对方融洽相处吗？人们是不可能在强迫中保持长期而友好的关系的。

多年来，标准石油公司稳步发展，随着企业的效率提高，成本降低，石油产品的价格将会大大降低，使人们享受到更好的服务。标准石油公司的服务逐渐覆盖了中心城市，又延伸至城镇，现在进入各个角落，遍及每家每户，将石油送到了每个用户手中，为他们带来了便利。标准石油的服务遍布全球。公司拥有3000辆油罐车，将美国石油输送到欧洲的城镇乡村。用类似的方法，标准石油向日本、中国、印度以及其他一些主要国家运送石油。正是通过我们的辛勤劳作，石油贸易才得到了如此巨大的发展。

直接向消费者销售产品的策略以及公司的高速发展引起了某些对立情绪，我认为这是不可避免的。但是据我所知，直销的做法后来也被许多其他行业所效仿，却并没有带来如此强烈的反对。

这种现象很有趣。我经常思考，是不是因为我们的领头羊地位，是最早一批采用直销模式的公司之一，所以批评的矛头就对准了我们。但我们始终本着公平的原则，充分考虑了每一方的权益。我们并没有通过压低价格或利用间谍系统将对手逼入绝境。我们只是为自己设定了有效目标，以求最快最广泛地扩大石油消费量。下面我来具体描述一下当时的情况。

　　为了得到石油行业的优势地位，我们尽最大努力开拓市场——我们需要扩大消费量。为了达到这个目的，我们必须开发新的消费渠道；我们必须卖出比以前多 1 倍、2 倍或 3 倍的石油，传统的销售渠道无法满足我们的需求。我们从未故意干扰其他石油商人的领地，但如果发现了新的商机或新的销售区域，我们就会不遗余力去争取。于是我们开发了很多其他人也在经营的业务。公司快速发展，新生力量不断加入，特别是一些管理人员。当然，最好的方法是从公司内部员工中提拔，但由于公司发展太快，内部资源不足，只能从外部招聘。于是一些新员工不熟悉企业文化，一味热衷于追求销售额，这其实是很正常的，但他们的行为却完全违背了公司的经营理念与行业道德。虽然在公司众多的业务往来中，这种情况只是沧海一粟，但确实背离了之前提到的商业原则。

　　多年来，标准石油公司每周为这个国家创造 100 多万美元的财富，全部来自于美国人民辛勤劳动生产的产品。我为这一记录感到自豪，我相信，在人们进一步了解了真相后，大部分美国人也会跟我一样感到自豪。推进对外贸易的发展，拥有最经济的方式批量运输石油，派遣员工征战世界市场，所有这些都需要大量的资金。除了今天的标准石油，任何其他公司都不可能筹集或掌控如此庞大的资金。

　　要想了解真实情况，必须掌握时代背景。在当时，石油行业被看作最危险的行业，有点类似于今天受到热议的采矿业。我有一位杰出的老友托马斯·W. 阿米特吉（Thomas W.

Armitage），40 年来一直在纽约的一个大教堂里担任牧师。他曾告诫我，扩建工厂和企业规模是一个愚蠢至极的决定。他断言我们正冒着巨大的风险，因为石油可能随时枯竭，需求将会下降。在我看来，几乎所有人都预言我们的公司将一败涂地，以破产而告终。

我们从没想过公司会取得这样巨大的成功。我们勤勤恳恳地工作，解决问题，展望未来，设定近期目标，把握机遇，每一步都走的坚实而稳固。正如以前一样，资金仍然是一个大问题，因为这一冒险行业很难吸引到保守的投资者。虽然财力雄厚的人偶尔也会给予我一定限度的支持，但仍不敢涉足这一行业。有时，他们也会尝试购买一点我们的股票，但我们清醒地认识到，当新股上市时，他们总会以各种理由拒绝购买。

这是一个新兴产业，因此公司的成功时常受到一些股权人的怀疑，我们不得不经常清算存货，以维持运营，但我们对公司的基本价值充满信心，所以愿意承担风险。总有一些人，为了信念与梦想孤注一掷。如果失败了，他们就会被列为不切实际的冒险家，而有时又确实如此。

公司 6 万名职工年复一年地忙碌着。去年经济不景气时，标准石油公司仍然能够维持之前的计划，没有因不景气而拖延新工厂和新楼房建设的工期，依旧向员工支付较高薪酬，提供完善的医保和养老制度。标准石油从来没有发生过大规模的罢工。一个企业，无论兴衰，都应首先保障员工的福利，我不知道还有比这更好的企业管理方法了。

另外值得一提的是，我们这只所谓的"章鱼"（当时，许多热爱揭秘隐私的文人将标准石油公司称为章鱼），在资金管理方面没有任何"水分"（可能是因为我们觉得水油无法相溶）；这些年里，标准石油公司也没有欠过债务。尽管我们经历过各种灾难和损失，但从来没有在公众债券和股票上做过手脚，将损失平摊给公众；我们从未进行过银团包销或任何形式的股票抛售，而且只要是国家需要，我们都会设法资助新油田的开发。

　　人们经常说标准石油公司恶意竞争，挤垮了其他竞争者，这是无知的人才会发出的论调。企业总是要面临竞争，过去、现在、将来都是如此。只有经营有方，保持旺盛活力的企业才能生存下来。这里简单谈论一下竞争。不光是炼油行业中的竞争，就算是石油副产品的企业间的竞争都相当激烈，而国外市场上的竞争就要更加激烈。标准石油公司一直在与俄国大油田的石油产品进行竞争，抢占欧洲市场，同时还要与占有印度市场的缅甸石油抗衡。我们在这些国家中遭遇到重重困难，如故意抬高关税、地域歧视及奇特的风俗习惯，等等。在世界上最偏远的地方，我们甚至用骆驼运输石油，或者人力搬运；我们不断调整策略，以适应不同人群的需求。当我们在海外市场取得了成功，就意味着会有大笔的财富输入我们的国家；失败则意味着给我们的国民带来了损失。

　　位于华盛顿的国务院是我们最大的支持者，为我们提供了莫大帮助。我们的大使、公使和领事协助我们开发海外市场，把产品推向了世界的各个角落。

14年前,我退出商界。这期间,标准石油辉煌发展,伟绩不断。因此,今天我可以如此坦诚而激动地谈论这一切。

标准石油公司能够有今天的成就,并非一帆风顺。她的成功不属于哪一个人,而是属于齐心合力、共谋发展的优秀团队。如果管理层放松要求,降低对产品质量的要求,或者不懂得把握客户心理,公司怎么可能生存下去?若非如此,即使成功也只能是昙花一现。有些关于标准石油公司的报道,可能会让人们觉得,在这个占有垄断地位的石油企业中,管理人员似乎什么都不用做,只需要享受分红就可以了。事实完全不是这样。借此机会,我很荣幸地向那些辛勤工作的同事致敬,他们不仅为公司提供了很好的服务,为国家的对外贸易也做出了卓越的贡献,因为公司的大半产品都销往国外。如果公司不是由他们管理,而是被不实报道中所描述的那种人掌控,我一定会不惜一切卖掉自己的股份。企业要想取得成功,必须拥有最优秀和忠诚的管理人员,自然也只有优秀的人才,才能坐上高层的位置。下面我会谈一下标准石油的起源和早期规划。

现代企业

直到今天,企业集团仍受到公众的质疑。总的来说,这种质疑是情有可原的,就像人有善恶之分一样,公司也有正邪两面。但不能因为一部分公司的行为不端,就谴责、怀疑所有的公司。企业集团的形式和特征能够保留下来，就说明了它有存在的价值，并非一无是处。甚至很多小公司也在向企业集团的方向过渡，因为这是一种极为便利的合作形式。

事实证明，资金联合是一种必然趋势。只要企业集团合理运作，维护其他人应有的利益，就不会构成任何危险。依靠个人力量单枪匹马求生存的时代已经一去不复返了。就如同选择抛弃先进高效的机器设备，回到手工劳作的时代，这是一种历史的倒退行为，我们不可能回到过去了。大企业集团的股东数量正以前所未有的速度迅猛增长。这确凿证明了这种形势的发展是不可逆转的。这意味着所有人都可以成为企业集团的合伙人。这是一个非常好的现象，企业集团的管理者因此而产生更强烈的责任感，也促使拥有股份的人在谴责和质疑公司之前，能够更加公正的对待事实，得出客观的答案。

我时常就工业生产联合化的问题发表观点，我从来没有改变也不惮于重申我的立场，特别是现在——这个问题再次引发公众热议的时候。

工业联合的主要优势在于人员的合作和资金的累加。一个人很难完成的事情可以由两个人合作完成。如果你可以接受此观点，即小范围的合作或者类似的产业联合是有必要的，那么实际上你就承认了这种联合的必然趋势。对于小企业来说，两个合伙人足矣，但如果企业不断发展，就会需要吸收更多合伙人的加盟和更丰富的资金流量，于是企业集团便应运而生。在大部分国家，比如英国，工业联合得到了充分发展，但在美国却非如此。联邦政府的各个州的法令有所区别，于是每个州的企业被隔离开来，商人们只能分开处理不同州的业务，企业不能在各个州设立分支机构，而只能在各个州单独开设新的公司。今天的美国人已经不再满足于只拥有国内市场，在向海外扩展市场时，组建企业集团就会显出它的巨大优势，特别是在一些排斥外国产品的欧洲国家里，推行企业联合这种形式就更有必要了。于是同一行业里的企业便联合起来，成立股份制公司。

现在才讨论工业联合的优势已经太晚了，它们已经形成一种必然的趋势。如果美国人想将自己的事业扩展到联邦各州，并试图打开国际市场的话，就必须进行大规模地工业联合，建立集团公司。

企业集团的危险在于产业联合所形成的力量可能会被滥用，企业集团成立的目的有可能只是投机股票，而不是经营业务。如果是为了这一目的，市场价格就会居高不下。可能许多企业集团中都或多或少地存在一些权力的滥用，但这并不能成为反对企业联合的理由，就如同我们不能因为蒸汽机存在爆炸隐患就拒绝使用它。蒸汽机是伟大的工业进步，它也可以被制造得更加安全。企业联合也是必需的，其不利因素也可以得到有效控制；否则就要怪我们的立法者无能，无法促成工业上最重要的变革。

1899年，在工业委员会的听证会上，我曾说过，如果可以由我制定工业联合方面的法律法规，首先就需要联邦法律使企业集团的建立与运营合法化；其次，尽可能统一各州的法律，鼓励人才和资金的联合，以推动工业发展，同时实施政府监管；扶植工业发展，反对蒙蔽公众的行为。今天，我仍然坚持当时的看法。

新机遇

我绝不相信这个时代会有不利于人们发展的因素存在。我们正在进入经济上的黄金时代，这一时代将带给未来的年轻人无数宝贵的机会。我们经常听年轻一代抱怨拥有的机会不如父辈们多。那是因为他们对我们这辈人所遭遇的困境所知太少。年轻时，所有的资源都未被开发，我们没有开发的方法和器械，我们只能在披满荆棘的道路上，艰难的探索前进；我们没有前车之鉴提供经验，况且还有最棘手的问题。当时人们对借贷并不了解。现在，我们拥有了整套完善的商业信用体系。当时所有的事情都杂乱无章，我们经历了惨重的战争以及随之而来的重重灾难。

比起当时，今天的机遇要优越 1000 倍。我们的土地上有丰富的资源正待开发；我们拥有巨大的国内市场，并且正向国外市场进军，为其他文明程度逊于我们的人提供服务。在东方，1/4 的人才刚开始觉醒。现今的年轻人能够继承父辈的遗产，然而当初他们的父辈却没有这样的遗产来继承，相比之下，生活显得贫困交加。尽管我是一个乐观主义者，但对于美国未来将取得怎样的成功，我仍持保留态度。

尽管具备了许多的优势条件，但想要获得最大收益，我们还需要做很多事情。其中最重要的就是在世界范围内建立起美国的信誉。

我希望让外国资本感觉到持有美国公司的股票是物有所值的，以此吸纳到更多的资金。这就需要美国人能够恪守诚信的原则，友善地对待国外投资者，让他们不会后悔购买我们的证券。

我自己也投资了美国多家企业，但并没有参与管理（只有一家企业例外，不过这家企业的分红并不多）。像所有的股东一样，我的利益完全依赖于公司诚信和高效的管理。我对这些公司的管理者有着百分之百的信心，相信我的资金能够得到很好的运用。

美国商人

很多持悲观论调的人都会给美国商人下论断，说他们贪婪成性。过分信任报纸所说的人是愚蠢的，报纸所报道的只是一些极端事例，你不应该因此认为我们是这个国家的守财奴。一个人大多数的时候都是在按部就班的过日子，报纸自然就不会关注他的生活，可是一旦发生了一点特别的事情，他就会被当成一个噱头被人们津津乐道。尽管商人偶尔会成为公众焦点，但你决不能用一些偶发事件来给他的整个生活下论断。这些思想活跃的人工作的目的并不只是为了赚钱——

他们是带着极大的热情沉迷于此的。他们的工作热情不只是源于积累财富,我曾说过,商业的标准在不断提高,业务水平也需要不断完善,这才是他们工作的内在动力。

很多人认为,我们国家的价值观念是金钱至上。我不同意这个观点。如果真是这样,我们应该是一个守财奴的民族,不会拿出那么多的钱来建设国家。我也不会承认我们是一群心胸狭隘的人,只会妒忌别人的成功。事实恰好相反:我们是最具野心的国家,一个人的成功会成为其他人前进的动力,而不是招来可耻的嫉妒心。说我们狭隘完全是一种毁谤。

说起金钱至上和嫉妒的观念,我想我们需要多一些像我的爱尔兰邻居那样的幽默感。他建了一栋房子,看上去颜色十分刺眼,我们都觉得这个房子难看极了。我与他的品位大相径庭,于是决定在我和他的房子中间种植一些大树,以隔开我们的视线。另一位邻居看到这个情景,问这位爱尔兰邻居福利先生(Mr. Foley)为什么洛克菲勒先生要把这些大树挡在房子中间。福利马上用爱尔兰式的幽默回答他:"因为他妒忌我,他无法忍受整天看着我漂亮的房子。"

在我事业起步的初期,人们做事情的方式可能与现在没有什么不同。为了促进事业的发展,人们需要做出许多努力,几乎所有人都认为自己的情况很独特。有些人会做出一些愚蠢的、不合时宜的决定,而面对这些生硬的商业计划,他会辩称这对他来说具有多么重要的意义。他不得不赔本出售商品,扰乱行业中其他人的商业计划,为了证明他是如此"与众不同"。可是即便等到世界末日,他们所希冀的"完美的时机造就完美的机会"也不会到来,但他们依然坚信自己的行事风格,说服他们几乎是不可能的。

还有一些人,他们完全不了解自己的实际情况。这其中很多人聪明绝顶,但在理财方面却一塌糊涂,甚至不清楚生意的盈亏,因此常常没少折腾却赚不到钱。面对商场的不景气,很少有人愿意面对现实,他们不愿意研究自己的财务状况,这对商人来说是致命的缺陷。从一开始,标准石油公司的管理者便清楚而准确地记录每项收支。我们知道自己赚了多少钱,并且知道在哪里赚的,在哪里赔的。我们从来不做自欺欺人的事情。

我们一直坚持保守的商业理念,但商业的基本原则并不会发生改变。有时,我会觉得现在的美国商人即使思维、反应速度、商业精神、行动力等等,各个方面都很优秀,却仍然没有参透商业管理的精髓部分。我一直强调必须坦诚面对自己的实际情况。很多人以为逃避这些问题就可以渡过难关,但是自然法则却不会允许这样的事情发生,越早认清现状,就能越早把问题处理好。

人们一直在讨论薪酬以及为什么必须保证高薪酬的问题,例如,铁路工人为什么必须保持高薪的问题。劳动者得到的报酬应该与他所付出的劳动同等。如果他没有做这么多工作,却得到了更多的薪水,那他就是在接受救济,这就破坏了事物的平衡。你不能逃避现实,也不能改变商业的内在规则,否则必然失败。这些道理听上去简单明了,却仍然被许多人忽视。我们无法摆脱的现实是——商人必须不断调整自己的情况以适应企业的发展和市场环境。有时候我会觉得美国人总是在寻找一条通往成功的捷径，或许他们确实找到过；但工作中真正的效率来自于对自己现实情况的了解，以及脚踏实地的工作。

很多富有的人到了退休的年纪却仍然不放弃在商界拼搏。他们不愿意赋闲在家，他们对自己的工作充满了自豪，想要取得更多的成功与辉煌，然而还有更伟大的人，他们为了给员工和合伙人争取更多的利益而选择留下，这些人是我们国家伟大的建造者。试想一下，如果所有事业兴旺的美国商人在成功后便选择退出商界，那么会留下多少未完成的遗憾的事业。当然，这种情况也是可以理解的。然而，富则兼济天下，一个人在取得成功的同时也要承担相应的责任，我们的社会公益机构非常需要美国商人的智慧以及他们的资金赞助。在这里，我也向这些慷慨付出的人表示崇高的敬意。

但他们中也有许多人只是为了全心投入到生意中去，而不会抽出时间去想别的事情。如果浪费时间去做与生意无关的事情，他们便会充满愧疚，好像那是一种耻辱。

在参加一些募集资金的公益性活动时，我常听到下面这样的话。

"我不是乞丐。"他们中很多人都会这样说。我只能回答："你这样觉得，我感到很遗憾。"

我一生都是这样的"乞丐"，而这种经历对我而言不但有趣，而且弥足珍贵，在后面的章节中，我将对此进行详细讲述。

第四章　石油行业的经历

涉足石油业

在我打算进入石油业时，克拉克－洛克菲勒的农产品贸易已是红红火火，一派繁荣的景象。60年代初期，我们组建了一个公司，炼制和出售石油，开始步入石油业。该公司由梅塞尔·詹姆斯（Messrs James）、理查德·克拉克（Richard Clark）、塞缪尔·安德鲁斯（Samuel Andrews），以及克拉克－洛克菲勒公司组建。这是我与石油贸易的初次交锋。随着公司的发展，克拉克－洛克菲勒公司必须提供一笔巨大的专用资金。塞缪尔·安德鲁斯先生在公司中主要负责石油生产，他还学会了用硫酸净化原油的工艺。

1865年，公司决定解散。我们需要清收现金资产，还清债务，但工厂以及公司的品牌这一无形资产还没有做出具体的处理办法。有人建议采用竞标的形式来决定所有者。我认为这是很公平的解决方法，问题在于竞标时间以及由谁来主持。当时，我的合伙人找了一个律师协助处理此项事宜，而我从未考虑过聘请法律代表——我觉得这样一个简单的交易自己便可以解决。于是，我们当即决定由律师主持进行拍卖。大家一致同意，拍卖便开始了。

　　当时我已经决定进入石油行业，做大规模地投资，而不是把它当成副业。安德鲁斯先生的想法和我一样，并且愿意跟我合作。我认为石油炼制业前景无限，但没有想到会有这么多人也涌入石油业。于是我信心十足，准备了充足的资金，足以买下工厂及商标。而我也准备放弃克拉克－洛克菲勒公司的农产品贸易方面的业务——这一部分后来由我的老搭档克拉克先生接管。

　　我记得当时的起拍价是 500 美元。我先出价 1000 美元；他们出 2000 美元。就这样，价格逐渐上涨，谁都不愿意放弃，价格逐渐上升到 5 万美元，这个价格已经远远超出了我们估计的公司的价值。最后，价格又涨到了 6 万美元、7 万美元！我对自己是否能够支付这样的价钱感到底气不足。最终，对方出价 72000 美元。"72500！"我几乎是脱口而出。接着，克拉克先生对我说：

　　"约翰，我放弃了，这个公司是你的了。"

　　"我现在就付给你支票吗？"我问道。

　　"不用，"克拉克先生说，"我相信你，方便时给我就行。"

　　于是，洛克菲勒－安德鲁斯公司成立了，我正式涉足石油行业。自此至 56 岁退休，我在其中摸爬滚打了 40 年。

　　大家对石油行业早期的历史已经十分了解，不需赘述了。原油净化的工艺简单，开始时利润空间非常大，自然吸引了许多人投身其中：肉商、面包师、烛台制造商等纷纷开始炼油。很快，投入市场的成品油便供过于求。于是，油价不断下跌，这一行业面临着崩溃的危险。必需扩展海外市场才能挽救颓势，这是一个漫长而艰苦的发展过程；炼制工艺也急需改进，以节约成本，增大利润空间，并要充分利用所有的副产品，不能像一些工艺水平较低的炼油厂，把这些材料都扔掉。

我们在事业刚起步时便遇到了这些问题。当时正值经济大萧条，我们努力向邻居和朋友推销石油产品，以求在一片混乱中挽回部分订单量。我们要拓展市场，全方位提高生产工艺，这对任何一家公司来说都是无法独自完成的任务。经过分析，我们认为只有依靠增加资金投入，吸收优秀的人才以及先进的经验，形成规模效应，才能解决上述问题。

本着这种理念，我们开始并购最大型、最成功的炼油厂，对其实行集中管理，以实现更经济高效地运营。公司发展的速度超出了我们的预期。

在许多有技术有能力的人的共同努力下，这家企业很快便在生产工艺、运输条件、金融状况、市场拓展等方面取得了领先地位。我们也曾遭遇困难与挫折，我们曾在火灾中损失惨重，原油的供应也一直不稳定。我们经常需要不断调整计划以适应动荡的市场环境。我们在石油中心建立了大型设施，竖立起储油罐，连接了石油运输管道；之后石油枯竭，我们的工作统统白费。石油业是一个巨大的投机行业，幸运的是，我们总能险渡难关。这也让我们渐渐学会了如何在这一艰难的行业生存。

海外市场

几年前，曾有人问我公司是如何发展到现今这样大的规模的，我回答道，我们最初只是俄亥俄州一个合营企业，之后发展成集团公司。对于一家本地炼油公司来说，这种成绩已经很了不起了。但是，如果仅仅依靠当地市场的话，我们早就破产了。我们必须把市场拓展至世界各地。沿海城市在发展海外市场方面拥有得天独厚的优势，在这些地方建厂，能够使石油以更加便利和经济的方式运输到海外。于是我们在布鲁克林、巴约纳、费城、巴尔的摩建立了炼油厂，并在各州成立了分公司。

我们很快又发现，原先所采用的用油桶运输的方法已经无法满足当前需求了。包装的成本经常比石油的价格还高，并且我们国家的森林也无法再提供那么多价格低廉的原材料。于是我们转而寻求其他的运输方式，采用了输油管道系统，并筹集到建设管道所需的资金。

建设输油管道必须得到当地政府的授权——在当时设立分公司也同样——就像途经各个州的铁路必须遵守各个州的法律一样。管道系统的完善需要巨额资金的支持。整个石油行业都依赖于这些输油管道。如果没有这些管道，消费者的花费就将增加，油井的价值就会因此而大打折扣。没有这种运输方式，整个石油行业的发展都将受到阻碍。

输油管道系统还需要其他方面的改进,例如,铁路系统上使用的油槽车,以及后来的用蒸汽引擎推进的油轮。所有这些都需要资金,以及相应的运营机构。

我们所走的每一步都是企业稳健发展的必经之路。只有通过不断地改善、进步,以及资本的大量积累,今天的美国才得以享用从她的土地里源源不断倾吐而出的财富,并为世界带来光明。

标准石油公司的创建

1867年,威廉·洛克菲勒公司、洛克菲勒—安德鲁斯公司、洛克菲勒公司、S.V.哈克内斯和亨利·莫里森·弗莱格勒共同组建了洛克菲勒—安德鲁斯—弗莱格勒公司。

成立这家公司的初衷是希望联合我们的技术和资金,采用更加经济高效的经营方式,实现大规模经营,取代之前分散的小规模经营,形成更具竞争力的企业。随着时间的推移,我们发现合作的可能性越来越大,有必要进一步加大投资;于是我们又说服其他人,再次筹资100万美元,终于创建了标准石油公司。后来我们找到了更多可以利用的资金,并且找到了感兴趣的投资者。1872年,公司的资本增至250万美元。到1874年,已经增加至350万美元。随着公司的发展,我们开拓了许多国内外市场,吸引了大量的人才和资金,并创建了更多新公司。我们的目标一直未变,那就是通过提供最优质、最便宜的产品将企业发展壮大。

我觉得标准石油公司的成功应归功于我们始终如一的经营理念，即通过提供质优价廉的产品扩大客户群。我们不惜花费巨资采用最先进、最高效的制造工艺；我们广纳贤士，提供最丰厚的薪酬，吸引了大量优秀的专家及工人；我们果断地弃用旧机器和旧工厂，建立新工厂，升级新设施；我们悉心考虑工厂的选址，争取降低运输成本；我们不仅开发主要产品的市场，而且也寻找所有可利用的副产品市场，竭尽全力将它们推向世界各地；我们不惜花费数百万美元，建造输油管道、油槽车、油罐汽船和托罐车，降低石油采集和配送的成本；我们在全国各地的中心铁路线旁建设补给站，节约了石油储存和运输的费用；我们对美国石油充满信心，提供了大量的资金，壮大美国石油业，抑制了来自俄国及其他所有石油产出国的竞争。

安全保障方案

下面有一个例子，是获取收益并赢得优势的方式之一。根据以往的经验教训，我们知道火灾是石油炼制和储存的大敌，通过将工厂分散到全国各地，我们便把这种风险和可能造成的损失降到了最低点。没有火灾可以摧毁我们，因为我们建立了一套完善的风险防御体系，用于安全保障的准备金不会一瞬间便用完，那些将工厂建造在同一区域的企业则很有可能遭遇这种情状况。我们研究并完善预防火灾的管理制度,不断更新设备,完善计划,最终使其所带来的收益成为标准石油利润的重要组成部分。

我们的安全保障方案效果显著,火灾造成的损失得到了有效控制,这些都是我们收益的组成部分,不仅是炼油公司的收益,还包括许多其他相关企业的收益,包括副产品的生产商、油罐、油罐汽船、油泵的生产商,等等。

我们将全部精力都用于石油产品的经营,从未涉足其他产业,坚持完善现有产业,做大做精。我们培养自己的人才:许多人都是从少年时代便开始接受我们的训练;我们为他们提供最大的发展空间,提高他们的个人能力,培养他们对企业的忠诚度;他们可以购买公司的股票,而公司也会协助他们管理股票。我们的年轻人不仅在美国,而且在世界各地,都拥有自我提升的机会;我们也欢迎从前的合作伙伴的后辈加入公司。我敢说无论在过去还是现在,标准石油都是一个忙碌而快乐的大家庭。

曾经有人问我,现在的管理层是否会经常咨询我的意见。我想说,如果他们需要的话,我会十分乐意提供建议。但事实上,自退休以来,几乎没有人向我征求过意见。但我仍然是大股东,在我退出公司的管理事务后,我的股票份额反而增加了。

那么标准石油是如何支付分红的呢?

让我解释一下这个问题吧,或许会有人对此感兴趣,但我也相信有些人会对此不以为然。标准石油公司每年有 4 次分红：第一次在3月，一年中最繁忙的季节结束之后，比起其他季节，冬天石油的消费量最多，其他的3次分红一般是每个季度一次。目前公司的股本是1亿美元，红利达到了40%，但这并不意味着公司的收益是投资资金的40%。事实上，这是公司运营35年或40年来所有储蓄和盈余累加的结果。公司的股本已经增加了几倍，没有1分过剩资本或"水分"，这都是实际价值。如果把股本的增长算上，平均的红利在6%~8%。

正常的发展

让我们来了解一下这些年来公司的资产增幅幅度。当年输油管道建造的时候，生产成本大约为现在的50%。广袤的油田买入时土地仍是一片处女地，有待开发，后来我们在这些土地上获得了丰厚的产出。公司曾购买了大量低品质原油，很多人认为没有什么价值，但公司希望最终能够将其充分利用。事实证明，这是明智的决定，因为随着炼油工艺的发明以及残渣的回收再利用技术的进化，这些低品质原油的价值得到了大幅度提升。公司低价买入的码头经过规划发展后，成为珍贵的资源。我们还在重要的商业中心附近买下大片未开垦的土地。我们把工厂迁至这里，充分利用当地的土地资源，不仅为我们自己的产业增值，也使附近的地价比原来增长了无数倍。无论在美国还是在其他国家，我们总会为了建造工厂而买下大片土地。我记得，我们曾以每英亩1000美元的价格买下一些荒地，而经过开发，那些土地的价值在35~40年间翻了四五十倍。

其他人的财产也和我们一样得到升值，但他们相应地扩大了股本，从而避开了我们所受的那些指责，而我们只是本着老式保守的观念，继续进行资本累积。

这并没有什么奇怪或神秘的，所有这些都遵从商业发展的自然法则。阿斯特家族和其他许多房地产巨头也是这样经营的。

假设一个人以1000美元的资本起家，把大部分的收入积蓄起来而不是花掉它，用这些积蓄逐步扩大产业和投资份额，慢慢地，他的产业得到升值，投资额增加到了10000美元，并不能因此而认定他的收入单单是由最初的1000美元的投资产出的，这同样也是资本积累的方式。在这里，我想再次申明，标准石油公司的管理者不应该遭到指责，而应该受到表扬。在这个充满风险和投机性的行业里，他们始终采取最为保守的经营路线，为企业奠定了扎实的基础。标准石油每年的分红从没令股东失望过，并且持有标准石油公司股票的人越来越多。

资金的管理

就像我曾说过的，我们从未尝试通过证券交易所出售标准石油公司的股票。早期，石油行业的风险很大，假如股票在证券交易所上市的话，毫无疑问，价格会出现剧烈波动。我们更愿意全心全意地关注公司的合法发展，而不是在股票上进行投机。我们用保守的方式妥善管理公司的收益。有人批评我们只将公司拥有的实际资产的一小部分进行分红，欺骗了投资者。但是如果我们将股票在证券交易所上市，又可能被批评为采用促销策略诱惑大众进行投资。公司采用的是稳固根基，保守经营，经过早期筹集资金的艰辛，和在商海中多年的历练，我们决定充分依靠自身资源求发展。我们从未过分依赖金融机构的帮助，而是依靠自己妥善管理公司财务，这不仅是为了保护自己的利益，也是在随时准备为危难中的其他人伸出援手。标准石油公司之所以备受指责，只是因为这些人对事情真相的一知半解。很久之前，我便不再参与公司的管理事务，但我还是要说，那些在与外国制造商的激烈竞争中，致力于将美国石油推向全世界的人，应该受到赞赏和鼓励。

关于标准石油从事所谓的投机活动的谣言四处散播，在这里我想提一下这方面的事情。标准石油公司感兴趣的领域仅限于石油产品以及与之相关的合法的事情。它建造生产油桶和油罐的工厂；生产油泵，抽取石油；它运营船舶，用以运输石油，也拥有油罐车，输油管道等等——但这些都与投机无关。石油行业本身已经具备足够的投机性了，只有加强管理，保持清醒的头脑，才能够保证成功的经营。

公司给股东的分红来自于石油行业中的收益。股东们可以随心所欲地选择他们认为合适的花钱方式，公司对股东的分红决不具备任何支配权。标准石油公司并没有拥有或控制"一系列银行",也没有与任何银行存在直接或间接的利益关系。她与银行只有正常的业务往来,与其他的储户没有什么区别。她购买及出售自己的股票,在漫长的岁月里,这些交易使得她的汇票为全世界所接受。

性格决定一切

谈起标准石油公司成立的初衷——大家应该还记得——并不只是资本的联合,而是将此行业优秀的人才汇聚于此,这是我们真正的出发点。或许有必要再次强调,企业成功依赖的并不仅仅是资本、工厂以及严格意义上的物质财产。人的性格、能力才是更具有决定性的因素。

1871年后期,我们开始购买克利夫兰一些比较重要的炼油厂。当时情况混乱,很多厂主都迫不及待想从这一行业中解脱出来。我们为这些急于出手的卖家提供了两种选择,或者收取现金,或者是换取标准石油公司的股票。我们非常希望他们能换取公司股票,因为在当时资金对我们相当重要,但出于商业原则的考虑,我们最后决定还是给卖家提供了选择机会,大部分人都毫不犹豫地选择了现金。钱能买到实质的东西,股票则不能确定其价值,对于石油市场复兴的可能性,他们深表怀疑。

多年来,我们一直在收购炼油厂,这段时期,克利夫兰很多重要的炼油厂都纳入了标准石油的旗下。不过，一些小规模的工厂仍然坚持继续经营，不愿像其他工厂一样被收购。在一些地理位置比克利夫兰更优越的炼油地，也有一些炼油厂经营得非常成功。

收购巴克斯

我们对这些炼油厂的收购都是建立在非常公平的基础之上，然而流传的一些毫无根据的故事版本却给人留下了卖家受到超级巨头最无情压榨的印象。比如收购巴克斯石油公司资产的故事就被添油加醋，极度歪曲。而我就像是从一位无依无靠的寡妇手上抢走了最珍贵的财产，只支付给她应有价值的一小部分作补偿。这个故事极具煽情效果，如若属实，这将是一个耸人听闻的残酷压榨毫无反抗能力的妇女的事件。这个故事广为流传，许多不明真相的人深信不疑，并因此对标准石油公司及我本人感到深恶痛绝。

尽管我多年来一直避免触及这个话题，但今天还是要为大家详细讲述整件事情的经过。

在克利夫兰，F. M. 巴克斯（F. M. Backus）先生备受尊敬，我跟他是老朋友了。他于1874年去世，在那之前的几年里，他一直从事润滑油生意。他去世后，他的生意由家人接管，并成立了巴克斯石油公司。1878年末，标准石油公司购买了这家公司的一部分产权。接下来的谈判持续了几个星期，参与谈判的是该公司大股东巴克斯夫人的代表查尔斯·H.马尔（Charles H. Mart）先生和我方的代表彼得·S.詹宁斯（Peter S. Jennings）。我并没有参与谈判事宜，只是在这件事情刚刚开始筹划时，巴克斯夫人约我到她府上讨论产权购买的相关事宜，她谈到了要向我们公司出售部分资产，并提出希望我本人参与此次谈判。但我婉拒了这一要求，并解释说我对谈判的细节并不熟悉，并且建议她不要急于采取行动。她很担心公司的未来，比如她说无法弄到足够的运输石油的油车。虽然在当时我们也很需要油车，但是我还是提出她需要多少我们都可以借给她，其他方面若有困难，我们也会不遗余力地给予帮助，她的生意在这之后不会有任何区别。但是如果在经过深思熟虑后她还是想要出售产权，我们就将派一些熟悉润滑油行业的人与她共同磋商此事。她表示仍然希望将产权出售给标准石油，于是詹宁斯先生代表我方与其进行谈判。我们的专家对巴克斯的工厂、无形资产和继承权的价值进行估算之后，我唯一做的，就是要求他们在总价上再加上10000美元，以确保巴克斯夫人得到全额利润。交易圆满结束，和我们预期的一样，我们付给了巴克斯夫人协商好的价格，她对整个交易都十分满意。

然而，意想不到的事发生了，在交易结束的一两天后，我意外地收到她的一封非常不友善的信，抱怨她受到了不公平的待遇。在调查了事情的来龙去脉后，我写了一封回信，内容如下：

尊敬的女士：

我们已于11日收到了您的来信。这期间，我一直在回想收购巴克斯石油公司的股份谈判过程中的每一个细节，以确定我是否做过任何冒犯及伤害您的事情。在您府上的会面中，我确实建议过您如果愿意的话，可以适当保留一些巴克斯石油公司的股份，从而使您能够继续获得该公司的利润，可是我记得您的回答是，一旦决定将公司出售，就不会再想涉足这个行业。于是，您决定将股权全部出售，我们也做出了相应的安排。因此，当您后来提出购买一些股份时，我们只是根据之前的约定给您回复，并不是您所提到的断然拒绝。您在11日的来信中指责我将巴克斯石油公司的业务从您手中抢走，这样说实在有失公允。是否收购巴克斯石油公司并不是基于我自身的利益，而完全是为您的利益着想。这些话我说得无愧良心。请您回想一下，两年前，您就曾向我和弗莱格勒先生咨询过，是否要将股份出售给罗斯先生。当时您急于将股份出售，获得的现金要比现在低得多。而在我们的交易中，如果您接受延期付款的话，收益还会更多。现在我们为购买巴克斯产权所支付的价格，是建造同等甚至更好设备的新公司的成本的3倍；我慷慨地给予您6万美元的收购价格，尽管公司的一些人认为这个价格实在过高，但我仍然坚持给出这样的价钱。如果您能够重新审视您的来信,您会觉得对我做这样的论断实在有失公平。我也希望您能够充分认清此次交易的是非曲直。然而,考虑到您此刻的感受,现在我也给您如下一些处理建议,您可以收回巴克斯的产权,只要归还我们已经投入的资金就行,就当我们从来没有进行过此次交易。

如果您不愿意接受这一提议,我将向您提供100、200或300份股票,您只要支付与我们购买时相同的价格即可。鉴于我们已开始在巴克斯石油公司投入资金,使公司的总资产增加了10万美元,每份股票的价值已升至100美元。

您不必匆忙答复。我将为您留下3天时间考虑是接受还是拒绝我的提议。同时,请相信我的真诚。

您忠诚的朋友　约翰·洛克菲勒
1878 年 11 月 13 日

巴克斯夫人没有接受我在信中所提的任何建议。为了表明以上的叙述并不是我的一面之词,我将附上以下文件:第一份是 H. M. 巴克斯先生的来信。他一直参与公司的经营。H. M. 巴克斯先生完全是出于个人的意愿给我写的这封信,在他的同意下,我现将此信公开。接着是当时代表巴克斯夫人参与谈判的绅士们的一些摘录和书面陈词。我并不是想公开宣扬巴克斯先生在信中对我的溢美之词,但为了保证原文的真实性,避免由此引起误会，我还是要将信件完整地公布出来。

博林格林市，俄亥俄州

约翰·D. 洛克菲勒先生

克利夫兰，俄亥俄州

尊敬的约翰·D. 洛克菲勒先生：

  我不知道您是否能够读到这封信，您的秘书也许会随手将它丢进垃圾桶，然而我还是决定给您写这封信，否则我会于心不安。如果这封信因为各种原因没有被您读到，那也不是我的过错了。自从我已故兄弟的遗孀F. N. 巴克斯夫人写了一封无理的信，信中评价您购买老巴克斯石油公司产权是不公正的行为，我便一直想写信给您，表明我对那封信件的态度。我拥有巴克斯石油公司的一小部分股份。我一直跟我的兄弟住在一起。那天，您应巴克斯夫人之邀到家中讨论公司出售的事宜，那时我也刚好在家。她告诉詹宁斯先生希望可以直接与您谈判。我在一开始，就同意将公司出售给您。

  我和巴克斯夫人共同经历了与罗斯先生及麦洛尼先生交易的纠纷，尽我所能鼓励她，防止罗斯先生占她的便宜。在我看来，巴克斯夫人是一位优秀的管理者，但她并不知道，也不相信，她在金融方面最大的成功便是将巴克斯石油公司出售给你们。她不会相信在之后的5年里，越来越多盲目的投资会使公司陷入巨大困境，背负着欧几里得大街上的巨债，她将深陷其中，无法翻身；而能够拯救她和石油公司的唯一转机便是洛克菲勒先生的方案。她认为您从她那里抢夺了上百万的财富，让她和孩子食不果腹，这种偏执的想法逐渐成为一种病态的执念，没有任何人能够用任何理由说服她。她在很多方面都聪慧理智，但在这件事情上却钻进了牛角尖。当然，如果我们的公司运转良好并且继续获利，我是不会同意出售公司的，但这是不可能的。我知道是您要求在购买价格上又加了 10000 美元；我知道您付出了 3 倍于公司价值的价格；我也知道正是把资产出售给您，才使我们避免了一败涂地的命运，我这么说只是想让世人明白您受到的不公正的评断，能够让我内心的愧疚因此得到舒缓。在公司出售之后，我去了布法罗，天真地以为可以东山再起，但很快便遭遇失败。但我没有死心，又去了德卢斯，站在风口浪尖，直到房地产的泡沫经济破灭，我也彻底破产了。我经历了人生的大起大落，但这一切都是我的自作自受，我会学会自己给自己疗伤，乐观地面对现实，而不是坐在杜松树下，指责约翰·洛克菲勒让我遭受损失。

在一两天前，我与俄亥俄州管道公司（Buckeye PipeLine Company）的主管哈纳芬先生聊起老巴克斯石油公司出售的事情，才鼓起勇气给您写这样一封信,不然或许要等许多年后才会写这封信。即使是现在,这封信也已经拖得太久了。那次交谈让我重新燃起了写信的念头,也因此了却了我的一个心愿。

再次向您表达我对您的尊敬与钦佩之情,约翰·D. 洛克菲勒先生。

您真诚的朋友,
H. M. 巴克斯
1903年9月18日

从关于谈判的书面记载中,我们可以得知,代表巴克斯夫人及其公司参与谈判的是查尔斯·H. 马尔和麦洛尼先生。前者在当时是巴克斯公司的职员;后者在巴克斯创立之时便担任主管职位,同时也是该公司的股东。代表标准石油公司参与谈判的是彼得·S. 詹宁斯先生。

事件被歪曲的经过是,标准石油公司以79000美元购得巴克斯石油公司的产权,而该公司的资产远超过此价格,在标准石油公司的威逼强迫下,巴克斯公司不得不接受了这个价格。真实的经过是,詹宁斯先生请马尔先生提供一份书面方案,列出巴克斯公司即将出售的资产项目和预期价格。马尔先生据此提供了方案,此方案也附在了詹宁斯先生的书面陈述中。标准石油公司最终决定不购买巴克斯公司的所有资产,只购买其手上的石油,并按市场价支付大约1.9万美元,而对于"工厂、无形资产和继承权",马尔先生出价7.1万美元,标准石油公司还价6万美元,对方很快接受还价。马尔先生的书面陈述如下：

"查尔斯·马尔在此宣誓，我代表巴克斯石油公司参与出售谈判，促成了上述公司工厂、无形资产及现存石油的出售。上述公司出价15万美元出售全部股份，包括库存现金、应计股利等，詹宁斯要求公司提供所售资产的定价方案。经与巴克斯夫人全面探讨，并征得其同意，本人提供了附在詹宁斯书面陈述后的方案；方案由本人书写，并应詹宁斯要求亲自在美国润滑油公司办公室原本影印，原件已提交给巴克斯夫人过目。

巴克斯夫人充分了解上述谈判的细节及所附方案中的项目及价格，谈判的每一步骤都经咨询其意见后进行，因其为巴克斯公司最大的股东，拥有公司约7/10的股份。经证人见证，她完全同意上述方案，接受詹宁斯以6万美元的出价购买工厂、无形资产及继承权的提议，无任何异议。如前所述，包括进货价格在内，巴克斯石油公司的总资产约为133000美元，而一部分资产并未转化为现金。"

关于此次的收购谈判，巴克斯夫人的代表马尔先生还提到："本人声明，在此次交易中，詹宁斯先生或其他任何人从未对巴克斯石油公司施加压力，也从未说过或做过任何事情以促成上述交易。"

他还说："谈判持续了两到三个星期……在悬而未决的阶段，巴克斯夫人不断催促本人尽早完成此事，因为她急切想处理上述产业，摆脱日后的担忧及与此相关的责任。当本人告知她詹宁斯先生的开价时，她表示非常满意。"

麦洛尼先生在巴克斯石油公司创建伊始，便一直担任公司主管，并且是公司的股东，也是巴克斯先生合作多年的生意伙伴。他代表巴克斯夫人参与了公司出售的谈判。他也提供了书面证词，提及此次谈判时，他说："最后，经过磋商，巴克斯夫人提出以7.1万美元的价格出售工厂、无形资产及继承权。几天后，标准石油公司提出以6万美元的价格收购工厂及无形资产，并以市场价购买巴克斯石油公司的库存石油。巴克斯夫人接受了这一方案，交易完成。

在谈判过程中，巴克斯夫人一直急于出售公司，对最终的成交价也完全满意。在一年半之前，我就知道她想出售巴克斯石油公司的股票，当时的价格比标准石油公司现在提供的价格要低30%~33%，而在这一年半中，公司所售资产并没有增值。我对巴克斯的工厂及其价值十分熟悉。在当时，建造这样一家新工厂仅需2.5万美元。在交易过程中，我们并没有遭遇任何威胁及恐吓，这其中不存在强买行为。谈判在友好和公平的氛围中完成，标准石油公司的出价远远超过所购产业的实际价值，巴克斯夫人非常满意，所有人都在为她着想。"

此事距今已有30多年。在我看来，标准石油公司一直以最友好、最周到的态度对待巴克斯夫人。我们曾建议她保留小部分标准石油公司的股票，但她未接受我们的建议，对此我深表遗憾。

回扣的问题

在所有针对标准石油引发的争论事件中,最引人注目的当属铁路回扣事件了。1880年以前,在我担任俄亥俄州标准石油公司董事长时期,标准石油公司确实收取过铁路公司的回扣,但这只是铁路公司的一种商业手段,他们是不可能让自己赔钱的。铁路公司会公布一个公开的运费标准,但据我所知,他们从来没有按照这个价格收取费用;其中一部分作为回扣又返还给托运人。这样做,不论是竞争对手,还是其他铁路公司,都无法知晓托运人真正支付的运费,而回扣的多少则要看托运人与承运人之间的讨价还价了。

俄亥俄州标准石油公司位于克利夫兰,该地区拥有发达的铁路网,夏天时亦可选择水路运输。我们充分利用这些优势,尽可能讨价还价,降低成本。不光我们这样做,俄亥俄州的其他公司也是如此。为了降低运输成本,标准石油公司为铁路公司创造了很多有利条件。我们大批量出货,花费大量成本提供装卸车设备。我们定期运输货物,以保证铁路公司以最大程度利用铁路的运力,创造最多的效益。我们自己负担保险费用,一旦发生火灾,铁路无须承担责任。我们自费在铁路站点建设设备,为铁路节省了运营成本。正是基于所有这些付出,我们在签订合同时得到了铁路公司的特殊津贴。

即使铁路公司给予了标准石油许多"特殊津贴",它从标准石油中获得的收益还是要远远高于其他一些出货不稳定且货量较小的公司,所以才会收取他们较高的运费。

要想了解吃回扣的现象,首先必须认识到,铁路总是不遗余力地扩大运输量。他们不但要与水路河运相竞争,还要应对来自输油管道的竞争。所有这些都威胁着铁路运输的市场,他们竭尽全力想在竞争中胜出。标准石油提供快速装车卸车的设备,具备稳定的出货量,还提供我前面所有提到的条件,因此,最终的结果是不但为铁路公司也为我们自己节省了成本,实现了双赢。所有这些都符合商业的自然法则。

管道运输与铁路运输

输油管道的建造为铁路系统带来了另一个强劲的对手。通过管道输送石油的成本远低于通过铁路进行运输,因此输油管道的普及使用是一个必然趋势。关键问题在于石油的产量是否充足,能否使投资获益。通到油田的管道建好后,油井却枯竭了的情况,时有发生,于是巨额投资的管道便成为最没有价值的资产。

铁路系统和输油管道之间存在一种有趣的现象。很多情况下需要两者形成互补关系,因为输油管道只能覆盖一部分地区,管道中止时,铁路将继续完成余下的路程,将石油输送至终点。在一些情况下,之前我们按照协议全程委托铁路运输石油,但输油管道建成后,一部分路程改用管道运输,一部分路程仍由铁路运输,运费就需要分开计算。然而,我们已经提前支付了全程运费，铁路公司就必须将一部分运费归还我们。于是，标准石油公司就需要反过来给铁路公司回扣，这种计算方法很复杂，但我还从来没有听到任何关于这个问题的怨言。

标准石油并不是从铁路公司的回扣里计算利润，相反，铁路公司从标准石油的运输委托中获得了更大的利益。标准石油公司坚持不懈地减少运输成本，只是为了给消费者节省开支，而这一措施也使产品的价格降低，从而成功地占据了全球市场。

讨价还价是一门高深的学问。所有人都在争取最便宜的运费。《州际贸易法》通过后，据说一些出货量有限的小公司拿到了比我们更优惠的运费，尽管我们大量投资提供了码头设备，拥有稳定的出货量及其他一些便利条件。我记得波士顿有一位很睿智的人曾谈论过回扣的问题。他是位经验丰富的商场老手，处事小心谨慎，总是担心有些竞争对手会获得比他更优惠的价格。他表达过这个观点："根据做事原则，我反对吃回扣的整个体系——除非我自己有利可图。"

第五章　其他的商业经历和商业原则

其他行业的投资

涉足铁矿石行业违背了我自身的意愿，因为这是我没有经过深思熟虑便做出的一个决定，它增加了我的负担和责任。这个决定源于在西北的几次投资频频失败。

当时，我投资了许多不同的行业，如采矿厂、钢铁厂、造纸厂、铁钉厂、铁路、木材厂、金属熔炼厂以及其他一些行业，多到我数不清。我只是作为这些公司的小股东，没有参与过企业经营。并非每一家公司都能盈利。事实上，在1893年经济大萧条之前的几年间，已经或多或少出现了通货膨胀的苗头。许多人发现自己并没有原本想的那样富有，当大萧条到来时，艰难的经历迫使他们不得不接受残酷的现实。

这些产业中的大部分我都没有亲眼见过，我只是根据别人的调查判断其价值。事实上，我从来没有通过亲自的了解来判断这些工厂的价值。我认识很多比我更清楚如何调查这些企业的人。

当时我本已打算退出商界了，但大萧条使我不得不推迟盼望已久的长假。幸运的是，我认识了弗里德里克·盖茨先生（Mr. Frederick T. Gates），当时他正从事一些与美国浸信会教育协会（the American Baptist Education Society）相关的工作，这些工作需要他前往全国各地。

盖茨先生虽然没有工厂和作坊方面的技术知识，但他是个博学睿智的人，我相信他能帮助我获取一些关于这些企业兴旺与否的第一手资料。有一次他要去南部出差，恰好经过我投资的一家钢铁厂，于是，我请他帮我调查一下工厂的经营状况。

他的报告近乎完美，他为我提供了详细的情况，而绝大部分都不容乐观。不久，他要去西部，我给了他我在那个地区投资的工厂名称和地址，委托他帮我调查，当然我也只持有这个公司的少量股份。本来我以为这份资产经营甚好，然而通过他清楚明了的报告，我吃惊地发现这家公司如果依照现状继续经营下去，倒闭只是早晚的事了。

挽救病入膏肓的企业

于是，我邀请盖茨先生加入公司，帮我处理这些棘手的事务，并且像我一样，成为一个商人。但我们也达成了一个协议，即盖茨先生将不会放弃他一直从事的更伟大、更重要的慈善事业。

我要在这里向盖茨先生表达我的钦佩之情。他不但拥有罕见的商业能力，经验丰富，充满激情，同时也在努力完成对人类具有伟大和持久益处的事业，为社会带来了持久而深远的影响。他担任普通教育委员会（the General Education Board）的主席，也积极参与其他委员会的活动，多年来，他协助组织了许多给社会带来长久利益的公益性项目。

多年来，盖茨先生一直帮助我处理个人事务。他陪我度过了艰难的时期，为我分担肩头的重担，让我有时间打高尔夫、设计景观路、移植林木及享受其他一些人生乐趣。他致力于调查我们的教育捐助、医学研究和其他类似的工作，并取得了很大成功。在过去10多年间，我的儿子分担了盖茨先生的一些工作，最近，斯达·J. 墨菲先生（Mr. Starr J. Murphy）也加入公司，帮助盖茨先生处理事务。盖茨先生为我们的事业忙碌大半生，理应享受悠闲的生活了。

现在，还是回过头来看看那些糟糕的投资吧。盖茨先生对我投资的每一个企业都进行了充分的研究，尽全力挽救他们的困境。我们的政策是尽全力防止我们投资的公司走向破产法庭，申请破产管理需要付出昂贵的代价，企业将因此遭受惨重损失。我们的计划是通过提供必需的借款、改进设备、降低成本等方式帮助企业渡过难关。只要付出时间和耐心，充分利用各种机会，就能够让他们维持下去，重获新生。于是，在1893年和1894年的困难时期，我们谨慎地处理这些破败企业的各项事务，许多企业因此得以继续经营；有时候购买其他人的股份，有时候出售自己的股份，但几乎所有企业都逃脱了破产、申请破产管理、丧失抵押品赎回权的命运。

通过解决这些棘手的问题，我们拥有了治疗商业弊病的丰富经验。我现在重述这一话题的唯一目的是告诉大家一个事实,对于那些遭遇挫折的商人,只要谨慎、耐心并且不断努力,即便看似走投无路,也能绝处逢生。重获新生的两个重要因素:首先是资金的投入,自掏腰包或者从别人那里筹集;其次是严格地坚持合理的商业自然法则。

采 矿

在这些投资中,我们购买了一些矿场的股份以及将其运往港口的一条铁路的股票和债券。我们对这些矿场充满信心,要增大利润空间,铁路是必不可少的。于是我们开始建造铁路,但在1893年的大萧条时期,工业发展几乎全部崩溃。虽然我们只是小股东,但在这个萧条时期,看来只有我们才能使铁路重现生机。我不得不把个人的证券抵押借款,被迫提供大量现金。为了筹集这些现金,我们不得不进入动荡不安的金融市场,购买急需的货币,紧急输往西部,支付铁路工人的薪酬,保证他们的生计,以便继续工作。当大萧条的恐慌逐渐消退,形势逐渐稳定下来,我们才意识到自己的处境。我们投资了几百万美元,却没有人愿意投资购买我们的股票。这时候大家都在急于将手中的股票抛售。我们买到的股票数量惊人——几乎不费吹灰之力便获得了几乎全部的股份——我们也因此支付了大量现金。

现在,我们发现自己掌控了大量的矿场,有些矿场一铁锹就能挖出矿石,一吨的成本只要几美分。但我们仍然有最主要的问题亟须解决，那就是矿石的运输。

为了保护我们的投资，必须扩大贸易的规模；我们已经不能回头了，必须尽一切努力工作；既然已经投入了这么多钱，我们便买下所有我们能够买下的、认为有价值的矿场。铁路和船舶只是获取收益的媒介，矿场才是关键所在，我们相信好矿不怕多。

令我吃惊的是，一些大的钢铁制造商却对这些矿场没有予以足够的重视。这些资源丰富的宝贵矿区在我们投资之前是非常低廉的。我们下定决心，既然投身进这一行，就要利用最先进、最高效的开采设备及运输工具，将矿石提供给每一个需要的人。然后用获得的收益购买更多的矿区。

盖茨先生成为多家公司的总裁，这些公司拥有矿井及铁路，因此他开始学习并经营采矿业及运输业。事实证明，他不仅是一位优秀杰出的学者，同时也是一位充满智慧的商人。他几乎包揽了所有的工作，只偶尔征求一下我的意见。不过我仍记得许多我们化解危机、渡过难关的有趣经历。

造　　船

铁路的问题解决之后，显然我们还需要拥有自己的船舶以满足对运输的需求。我们对建造船舶一无所知，所以依照老习惯，我们决定向行业内最权威的人士求助。我们非常熟悉这个人，他也从事矿石运输，并且规模庞大。但对他来说，我们是竞争对手。一天晚上晚饭前，盖茨先生约上这位专家，一起来到了我位于纽约的家中。他说他的安排很紧张，我告诉他我觉得 10 分钟之内就可以谈妥，事实确实如此。这是我唯一一次与矿石公司的人会面。之前所有的会议都是盖茨先生出席，他似乎能享受这项工作的乐趣，而且经验相当丰富，我很放心将公司事务托付给他。

我们向这位专家说明我们打算自己承担苏必利尔湖区的矿石的运输工作，希望他能为我们承建最大型、最精良的船舶，我们能否成功就要靠这些最高效的船舶。当时，最大的船舶载重约 5000 吨，但到 1900 年我们出售船只时，我们的船载重已达到了 7000 吨或 8000 吨，而现在万吨巨轮也已经出现了。

自然，这位专家回复说他本人也从事矿石运输，不希望我们也进入这一行业。我们解释道，我们已经进行了大量投资，为了保护我们的利益，我们需要运营属于自己的船舶运输，完善每一个销售环节；我们认为他能够为我们设计和建造最精良的船舶，这是我们想和他合作的原因。尽管他是我们最大的竞争者之一，但我们知道他是一个诚实正直的人，因此非常希望能与他合作。

聘请竞争对手

他仍然固执地不肯与我们合作，但我们表示已下定决心进入这一行业，如果他能为我们建造船只，我们愿意付给他可观的酬劳。我们解释道,有人已经为我们承担了这项工作,但我们随时欢迎他的加入。最后,他终于被打动了,当时就接受了我们的请求,并签订了协议,我们对协议内容都表示满意。这位绅士就是来自克利夫兰的塞缪尔·马塞先生(Mr. Samuel Mather)。他只停留了几分钟,我们给了他建 300 万美元船舶的订单。这是我与他唯一一次会面。马塞先生具有崇高的商业道德,虽然他是我们的竞争对手之一,但我们对他百分百信任,他也从来没有让我们失望。

当时,五大湖区大约有 9~10 家造船厂,分布在不同位置。它们彼此独立,相互之间竞争激烈。这些船厂还没有从 1893 年的大萧条中恢复过来,还未能全面投入生产,因此步履维艰。那时是秋天,许多员工却仿佛面对着严酷的冬天。我们考虑到了这一点,在计划应该建造多少艘船时,决定尽可能多地造船,为五大湖区的闲置劳动力提供尽可能多的就业机会。于是我们让马塞先生给每家造船厂写信,确定在明年春天航运开始时,他们能够建造的船舶数量。在他的了解下,有些船厂能够造 1 艘,有些 2 艘,都加起来总共是 12 艘。于是,我们决定造 12 艘轮船,所有船舶都由钢铁制造,适用于五大湖区的最大承载量。有些建成汽船,有些建成用来牵引的僚艇。但所有这些船设计了大体相同的样式,后来它们风靡五大湖区,成为矿石的最佳水上运输工具。

当然,这些船的造价都很高。而如果马塞先生从一开始便宣布他将要造 12 艘船的话,价格还会更高。很久以后,我才听说了他处理此事的方法。虽然这个故事现在已成为五大湖区的历史，但对许多人来说或许还是个新闻，所以在这里我要简单地说一下。马塞先生对自己要建造的船只数量只字不提。他给每家船厂递送了完全一样的计划书和说明书，让所有造船厂根据自己的情况投标建船数量。人们自然认为马塞先生最多准备造两艘船，每家船厂都急切地想要获得订单，至少争取到两艘船中的1艘。

　　在签订合同的前一天，所有投标人都应马塞先生之邀来到了克利夫兰。他们被单独带到马塞先生的办公室，密谈最终投标前的所有细节问题。投标人在指定的时间内进去。大家都在期待着谜底揭晓。马塞先生之前的态度让每个人都感到胜券在握，然而每个从马塞先生办公室出来的人，都红光满面，看上去心满意足，这让那些人的心悬了起来，事态变得更加扑朔迷离。

　　最扣人心弦的时刻到了，在场的所有人几乎同时收到了马塞先生的便条，恭喜他竞标成功，将会和他们签订一项达到其工厂最大承建能力的合同。正当大家兴冲冲地拥向宾馆休息室，准备安慰失败的对手时，却发现每个人都拿到了想要的合同。实际上，根本就没有任何竞争对手。这个发现带给他们的喜悦远远超过不能向其他人炫耀的懊恼。所有人都很快乐，可谓皆大欢喜。顺便提一句，由于企业合并，所有这些友好的绅士都成为一个公司的同事，而在合并之后，我们购买船舶的价格更加统一了。

未出过海的船务经理

随着船舶的投产建造,我们才正式开始进入矿石业。但是我们意识到必须首先解决船舶运营的问题。于是我们再次向竞争对手马塞先生求助,希望他能协助我们处理此事。可是他承担的责任众多,无法脱身。有一天,我问盖茨先生:

"我们如何安排人手管理船只呢?你了解哪个资深的公司能胜任此事吗?"

"我不了解,"盖茨先生说,"我不知道这方面的公司,我们为什么不尝试自己运作呢?"

"可是你并不了解如何管理船舶运营,难道不是吗?"

"确实是,"他承认,"不过我知道有一个人也许能胜任这项工作,虽然我担心你会对这个人选不太满意。但是他具有做好此项工作的优秀品质。他可能分不清船头船尾,也分不清海锚和通风帽。他是船舶运输的生手,但是拥有很强的判断力,并且为人诚实、上进、敏锐、节俭,能够快速掌握新的技能,即便有一定难度的工作,他也会很快掌握。距离船舶完工还有一些日子,如果我们现在就聘请他,等船建好时,他工作起来可能就会游刃有余了。"

"好吧!"我说,"既然你推荐他,那就让他来吧。"于是,我们便聘请了他。

此人便是 L. M. 鲍尔斯先生(L. M. Bowers),是纽约布鲁恩郡（Broome County）人。鲍尔斯先生前往五大湖区的每一个船厂进行了实地考察，并做出了详细的分析与研究，很快便对此提出了宝贵的意见，得到了设计师的认可与采纳。他从这些船首次扬帆启程时起，便全面负责船舶的管理工作，他的技术和能力获得了所有海员的赞赏。他甚至发明了一种锚，起初是在我们自己的船队中使用，后来逐渐被其他船舶采用，我听说美国海军也已经使用这种装置了。在我们售出这一部分业务前，他一直负责船舶的管理工作。在这之后，我们又让鲍尔斯先生负责了其他许多艰难的任务，每次他都能够完成得很出色。后来，由于家人健康欠佳，他搬到了科罗拉多常住，而今，他已经是科罗拉多州能源及钢铁公司能力超群、工作高效的副总裁。

  大型船舶和铁路方便我们拥有了最有利的设施与资源。从一开始，公司的运营就非常成功。我们大规模扩张市场，开采矿石，将产品运往克利夫兰以及其他港口。我们继续造船，不断发展，最后船队共拥有了56艘大型钢铁船舶。和其他许多我所感兴趣的重要行业一样，这家公司并没有花费我太多的精力，因为有幸拥有这么多积极活跃、能力超群、忠诚可靠的代理人。他们承担了大部分的管理责任。我很高兴，并且充分信任与我合作的优秀商人，他们也从来没有让我失望过。

出售矿石业

我们在矿石业的发展朝气蓬勃,势头强劲,直到美国钢铁公司(the United States Steel Corporation)成立,该公司的一位代表向我们表达了希望购买我们的土地、矿区以及船队的意愿。当时,我们的生意进展顺利,没有必要在这个时候出售。然而这家新公司的组建者认为我们的矿井、铁路和船舶是他们战略规划中必不可少的组成部分,于是我们表示愿意促成这一伟大事业的成功。我觉得,当时他们已经说服了卡内基先生出售他的产业。多次谈判与磋商后,我们接受了他们的出价,而我们的整个工厂,包括矿井、船舶和铁路等都成为美国钢铁公司的一部分。考虑到这些产业目前的价值以及未来增值的空间,我认为我们所达成的价格相当保守。

这场交易一直在为美国钢铁公司带来丰厚的利润,由于该次出售大部分用该公司的证券支付,我们也从公司的发展中获得了好处。就这样,经过了7年的奋斗后,我彻底离开了矿石开采、运输和贸易的行业。

遵从商业法则

投资采矿业在当时看来多少有点前途渺茫。回首从事矿石业的经历，让我更加深刻地体会到我经常提及的商业原则的重要性。能够耐心地将我的回忆录读到这里的年轻人如果能够理解这一点，我会感到心满意足，同时我也希望他可以从我的经历中有所获益。

在商业经营中，获得成功最基本的要素便是遵从已建立的商业法则。确定明确的方向，坚持合乎常理的运营模式，不要受眼前蝇头小利的诱惑，也不要妄想一夜成功。如果你不满足于获得小小的成功，就不要把精力浪费在只能赢得短期利益的事情上。投入一项事业前，要看清走向成功的方式，要有远见。很多聪明的商人将全部身家赌在一个他所不了解的事业上，这一点让人十分不解。

认真研究你的资金需求，坚强面对潜在的风险因素，风险是不可避免的，你能做的只有走在它的前面。任何时候都不要回避真实的情况，不要自欺欺人。只顾着埋头赚钱的人是不会取得成功的，你需要拥有更大的雄心。商业成功并不是什么神秘的事情。伟大的工业领袖一直在反复告诉我们一个简单又显而易见的事实，即诚信经营，获得广泛的信任，就能获得永久的成功。这才是我们要彻底贯彻的商业法则。如果你圆满地完成每天的任务，忠实地按照我所说的去做，同时保持清醒的头脑，你便能获得成功。你或许也会原谅我这番老套的说教。能够冷静读这样一本书的年轻人，相信能做到"胜不骄、败不馁"，我也就没有必要再多加赘言了。

大萧条的经历

早在19世纪90年代初期,我就想退出商界了。我很小便开始工作,就这样到50岁了,也该从繁忙的商业事务中解脱出来,享受生活中其他的乐趣,一味赚钱是没有意义的。而在我经商的时候,赚钱一直是我生活的大部分,是时候改变一下了。然而1891年和1892年的经济形势很糟糕。1893年,风暴再次来临,正如前面所提到的,我有众多的投资需要维持经营。接下来的两年,每个人都深陷焦虑,步履维艰。在这个时候,没有人可以安心退休。不过,在大萧条的这些年里,标准石油由于一贯奉行的保守的管理方式,拥有大量的现金储备,所以保持住了健康的发展状态。1894年和1895年,形势好转后,我终于有了退出的时机,能够从公司的管理事务中脱身了。如前所述,那之后我几乎就再也没有参与过公司的业务运营了。

我记得1857年以来所有的大萧条时期,但最让我感到艰难的还是1907年那次。没有企业能够逃离那次风波,都受到了前所未有的打击。到处都是混乱与恐慌,在这样紧急的情况下,必须保证一些重要企业的继续经营,否则后果不堪设想。摩根先生真诚地伸出了援助之手,我和其他商人均从中受惠,在此向他表示深深的感激。他的权威地位毋庸置疑。他雷厉风行、做事果断、反应迅速、行动果敢,帮助人们重获信心。他得到了国内许多有能力、有实力的金融家的支持，将大家团结到一起，鼓励人们重建对国家的信心，有效地推动了经济的复苏。有人曾问我是否能快速地从1907年10月的经济大恐慌中恢复过来。我不愿意回答这个问题，因为我不是预言家，不具备预言的能力；当然，结果是毋庸置疑的，这一暂时的挫折将使企业经营者采取更为谨慎和保守的措施，而这正是我们所需要的一种品质。大萧条不会使我们勇于创新的积极性受到永久的压抑。这个国家的资源也没有因为金融风暴而削弱或毁坏。在缓慢的恢复与发展中，未来的经济基础将会更加稳固，不论在商业领域还是在其他领域，耐心都是一种美德。

在这里我要重复提醒一下商人们，要坦然面对自己的现实境况，不要用逃避来应对困难。如果管理方法上有问题，就要清楚地认识到这个事实，然后采用相应的改正措施。违背商业法则是不会成功的，无视商业法则的存在是愚蠢的。对于一个充满智慧、想象力丰富的民族来说，要想背离动荡、严酷的现实环境并不是一件容易的事儿，但我们依然要自尊自强，屹立于世界市场。

第六章 赠予的艺术

赠予的精神内涵

毫无疑问,赠予的快乐,帮扶同胞的责任,无论何时提起都是热门的话题,很容易形成一通长篇大论,并且会充斥世代沿用的语言堆砌起来的陈词滥调和通用套话。

在这个大话题上,即使是天才的作家也很难发挥出好的创意,我自然更加不能免俗。但在我看来,相比谈论我长期以来从事的商业和贸易,我会更喜欢谈论这个看似俗套的话题。一般而言,慈善活动也有非常实用和商业化的一面,能给企业带来新的商机,这一点通常会为人所忽略,但其背后,源于内心的赠予和精神,才是真正的意义所在。

当今时代,我们已经可以要求国家的精英人士为公众的福利事业贡献更多的时间、精力和金钱。我不会冒昧地给这些慈善工作应包含的内容做严密的定义。每个人都是在为自己做善事,他有权选择自己的方式去从事。我认为慈善事业没有优劣之分,不能说什么是狭隘的慈善计划,或哪些是最好的设想方案。

大多数人认为拥有大量财富必然是幸福的,这看法其实是错误的。极其富有的人和其他人一样，如果他们从金钱中得到的快乐源于获得了帮助他人的能力。

富人的局限

单纯追求物质的花费很快就会失去吸引力。这种任意购买自己想要的东西的新奇感很快便会被空虚所取代。因为人类内心真正追求的东西是无法用金钱买到的。这些在报纸上风光无限的富人，不会因为奢侈的消费而得到内心的快乐。满桌的山珍海味却无福消受；满身绫罗绸缎却遭受公众的讥讽；尽管生活条件比别人优越，但他们遭受的痛苦却比享受到的快乐多得多。通过研究这一现象，我发现，只有一种方式能够实现财富的真正价值，那就是培养赠予的爱好，投身公益，造福社会，只有这样才能获得长久的满足感。

商人通常会认为他已经为社会创造了财富，为一些或许多人提供了稳定的工作；他还为员工创造了优越的工作环境，新的工作机遇，并鼓励他们努力工作。但只关注员工的福利，是无法赢得人们发自内心的尊重的。认为只要按时发放薪水就是好企业，这是最狭隘，也是最平庸的一种观点。

最大程度的慈善事业

最大程度的慈善意味着造福人类，播撒文明的种子，传递健康、正义与幸福的福音，它已经超越通常所称的仁慈。在我看来，这种慈善指的是精力、时间、财富的投入，它包括为员工提供丰厚报酬的能力，拓展和发展现有资源的能力，为员工提供之前没有的发展机会和健康工作环境的能力。只有这些才能带来持久和有益的结果，单纯只有钱的付出是无法与之相提并论的。

我经常想，如果这种论断成立的话，慈善事业的领域将是多么宽广！有人会认为日常的工作是一回事儿，慈善事业又完全是另外一回事儿。我不同意这种观点。只有星期天才能抽出空来发善心的人，无法成为这个国家慈善事业的支柱。

请原谅我频频提起这些忙碌的商人，因为他们是慈善事业最需要的人。我认识一些人，他们致力于发展事务的宏伟草图，将发展企业作为自己一生的目标去贯彻实行。他们接手前途莫测的企业，冒着巨大的风险和质疑，带领企业走向成功。他们这样做并不仅仅是为了个人的利益，而是源于推动人类发展的更崇高的精神动力。

无私奉献是成功之路

如果让我给初涉社会的年轻人提点建议，我会对他们说：如果你拥有宏伟的目标，想要建立属于自己的伟大事业，那么无论你是受雇于某家公司或是作为独立的生产者，都不要抱着坑蒙拐骗、不择手段获取利益的想法开始你的事业。在选择自己的行业或职业时,首先要想:什么样的工作能使我发挥最大的作用?在哪里可以最为高效地工作,为社会创造最大的利益?抱持这样的想法进入社会,通过这种方法选择职业,你就会在通向巨大成功的道路上迈出重要的第一步。调查显示,在我国拥有大量财富的人,往往是那些对国家的经济发展产生巨大而深远影响的人。他们对祖国充满信心,尽全力开发国家资源,推进祖国发展。在其他国家也是如此。为社会做出最大贡献的人是最成功的。为公众所需要的商业企业将发展壮大,而公众不需要的商业企业注定走向失败。

另一方面,生意人最该避免的便是重复投资,将时间、精力和金钱投入到毫无意义的竞争上。这应该被视为是一种最恶劣的浪费,甚至比浪费更糟糕。如果有一家工厂生产的产品价格低廉,能够满足公众的消费需求,再建第二家这样的工厂便是对国家资源的浪费,会破坏国家繁荣发展的局面,夺走劳动者的生计,并引起一系列的社会问题。

或许,唯一妨碍美国人民进步和幸福的事,便是这么多人总是愿意把时间和金钱花在增加竞争性产业,而不是用在开发新领域,把钱用在社会所需要的行业中发展。社会发展要求创新思维,寻找、支持,或是开发新的行业才是成功之道,而不是一味效仿前人的成功之路。我们的国家正处于高速发展期,机遇无处不在。如果只追求一己私利,而不致力于推动全人类的进步,为全人类谋求福利,就注定要走向失败。更遗憾的是,他们的失败还将连累其他一些无辜的人遭受苦难,使他们丧失生计来源。

服务社会的慷慨

或许这个世界最慷慨的人,便是那些极度贫穷的人。他们共同努力,同担风雨,勇敢面对生活的苦难。住在出租屋的母亲生病了,隔壁的邻居便会分担她的重担。父亲失业了,邻人会从自己紧巴巴的食物中拿出一部分分给他的小孩。穷人不顾自己的沉重负担,毅然收留已故朋友留下的孤儿,并将其抚养成人。这类事情真是数不胜数啊!那些生活资源如此匮乏的人尚且如此,有钱人就更应该慷慨解囊了。几百年来,犹太人一直有一个戒律,即一个人要将财产的 1/10 捐献给慈善事业,但这个标准对有些人来说几乎是不可能完成的,而对有些人却是九牛一毛,轻而易举的事。赠予金额的大小并不重要,赠予的精神才是最为重要的。即使最贫穷的人也能向他人伸出援手,不要为给予帮助的额度大小感到难为情。恐怕我又在重复一些陈腔滥调了。

小时候,我接受的教育十分刻板。尽管如此,我却非常感激他们的一个惯例,即教给年轻人定期捐赠自己挣得的钱。让小孩子早早意识到帮助别人是一件好事,更是一种义务。但我必须承认,培养这种意识已经越来越难了;因为许多当时的奢侈品在今天已经变得稀松平常,那种非金钱所能带来的快乐更是很难得到。捐赠的乐趣与满足远远超出赚钱所带来的心理感受。我的一生都希望帮助建立高效的赠予机制,让这些财富为当前社会及后代子孙发挥更大的作用。

或许,赠予金钱和提供服务是不同的。在穷人遭遇不幸的时候,捐赠者除了捐钱以外,还可以在了解了他们的状况后,帮助他们解决内在的问题,就会使他的援助更有价值。如果没有生活压力,捐赠者可以从更加科学的角度来探讨这个问题,但最终的分析是一样的:通过了解帮助对象的具体情况,在相应的帮助下使用金钱,他所捐赠的钱将发挥更大的效用。

大医院在崇高无私的人的管理下,会为公众带来健康的福音,但医学研究者的工作同样重要,他们挖掘关于疾病的未知的事实,研究治疗方法,使无数人的病痛得以缓解,甚至摆脱疾病的折磨。

直接帮助病残人士更容易激起人们的善心,但是医学研究者的工作也同样重要。他们探寻病源,寻找治疗方法,为病残人士解除了痛苦,却很难争取到捐款来进行研究。第一类情况会使人产生无法抗拒的怜悯之情,第二类情况的人则需要煞费苦心才能打动别人。不过,我相信我们在针对科学研究的资助方面正取得重大进展。现在的人们在面对慈善事业时,显然在力图超越感情的冲动,那些致力于实践工作和承担科学任务的勇士们所获得的现金资助也会越来越多。比如那些冒着生命危险,致力于黄热病研究的人,他们的英雄主义和牺牲精神能够鼓舞人心,造福后代,推动医疗事业的蓬勃发展。

科学研究

　　这种牺牲精神可以延伸至什么高度？每年，众多的科学工作者放弃一切，投身科研，为人类的知识增砖添瓦，揭示科学的真相，为人类的认知程度增加新的记录。有时我会想，那些肆无忌惮的谴责这种行为的人，是否认真考虑过自己的言行。事不关己地随意讥讽是一回事儿，投身工作，历经艰苦磨炼，赢得发表言论的权力又是另一回事儿。

　　就我而言，我从来都只是一个平静温和的旁观者，没有胆量对那些从事我所不了解的行业的专业人士指手画脚，即使有幸身处一个领域，我也不敢随便对经验丰富的专家随意评论。

　　很多人谴责用活的动物做实验。这些人站在捍卫动物利益的立场上，情真意切地呼吁，让人们相信不应该用动物来做实验。纽约洛克菲勒医学研究院的西蒙·费勒克纳尔博士（Dr. Simon Flexner）不得不面对一些言过其实甚至耸人听闻的不实报道。最近，在费勒克纳尔博士的领导下，医学院成功地研制出流行性脑脊髓膜炎（Epidemic cerebrospinal meningitis）的治疗方法。为了研制这一疗法，使用了约15个动物作为实验对象，其中大部分是猴子。但是我们也要看到，失去生命的动物将挽救无数人的生命。像费勒克纳尔博士及同样在为人类的福利做贡献的人，是决不会让无辜的动物忍受不必要的疼痛。

我曾被一个竭尽全力挽救儿童生命的故事深深震撼,这是我的一个同事在故事发生后不久写信告诉我的,在这里值得重复一下。亚力克西斯·卡雷尔博士(Dr. Alexis Carrel)是费勒克纳尔博士的同事,锲而不舍的试验和丰富的临床经验使他的医术精湛,造诣颇高。

一次出色的外科手术

医学院的一个同事亚历克西斯·卡雷尔博士一直在进行一些有趣的实验性外科手术的研究,成功地完成了动物间的器官移植及不同物种间的血管移植。最近,他将这种技术运用到人体身上,成功挽救了一个婴儿的生命,这次手术引起了纽约医学界的极大兴趣。纽约一位知名的年轻外科医生在去年3月生了一个婴儿,由于某些原因,婴儿的血液会从血管中渗出,流入身体组织中。通常这种情况会使婴儿因内出血而丧命。婴儿出生5天后,已经出现死亡的迹象。婴儿的叔叔也是这个领域最杰出的专家之一,婴儿的父亲、叔叔和其他几位医生共同会诊,却一筹莫展,完全想不出解决办法。

恰好这位父亲对卡雷尔博士在研究的工作印象深刻,并曾与他共事过。他确信挽救婴儿唯一可能的办法就是直接输血。而当时只在成人身上实施过这种手术,婴儿的血管太细,成功实施手术的可能性很小。手术中,两个人的血管必须连接在一起，血管的内膜也要完全黏合。如果血液与血管的肌层接触，就会凝结成块，阻塞血液的循环。

幸运的是，卡雷尔博士曾在一些非常小的动物血管上做过实验。这位父亲相信，如果这个国家能够有人成功实施这个手术，那就是卡雷尔博士。

当时已是午夜时分，卡雷尔博士赶来后，这位父亲向他解释，孩子估计无论如何也保不住了，但还是请他做最后的努力。卡雷尔博士立即答应动手术，但也认同父亲对手术结果的估计。

父亲给孩子提供血液，两个人都不能使用麻醉药。孩子太小，只有一条静脉血管比较粗，可以用来输血。血管在腿的后面，位置很深。一位杰出的外科医生找到了这根血管。但是他发现孩子已经没有生命迹象了，甚至已经死亡10分钟了。他提出是否还有必要进行这次尝试。然而父亲坚持进行手术，于是外科医生找到父亲手腕上的桡动脉，在手臂上打开6英寸的口子，以便把血管拉出来，与婴儿的静脉血管连接起来。

参加手术的这个外科医生后来将这次手术称为"铁匠活儿"。他说婴儿的血管只有火柴般大小，脆弱得像片湿了的香烟纸，看上去完全不可能将这两条血管连接起来。然而，卡雷尔博士完成了这个伟大的手术。在场的医生均称其为外科史上一次最引人注目的事件。来自父亲动脉的血液流入了婴儿的身体，大约有1品脱。第一丝生命迹象出现了，婴儿的一只耳朵上部出现了淡淡的粉色。紧接着，完全变蓝的嘴唇也现出红润，突然，婴儿像用芥末洗过澡一样，身体变成粉红，然后放声啼哭。大约 8 分钟后，两条血管被分开，手术完成了，此时，婴儿已经开始哭着要东西吃了。之后它开始正常地吃饭睡觉，并且完全康复。

这位父亲后来参加了奥尔巴尼立法委员会会议，反对上次会议中悬而未决的限制动物实验的法案。他讲述了这个故事，并说，在看到卡雷尔博士的实验时，他并没有想到这些实验这么快便可以用来拯救生命；他更加没有想到，拯救的竟然是自己孩子的生命。

助人的重要原则

如果大家都能够互相帮助，我们便能根除这个世界许多的罪恶根源。这是一个重要原则，尽管反复强调，却仍被许多人无视，重谈这个话题并非没有意义。

真正使人受益的事情是我们自己为自己所做的。不费吹灰之力获得的财富通常不是福气而是祸害。这就是我们反对投机的主要原因，不是因为从事投机活动失去的比得到的多——虽然事实确实如此——而是因为在投机中获利的人，从成功中受到的伤害通常比失败带来的伤害更多。在金钱或者其他物质的赠予上，道理也一样。得到的越多，或许遭遇的挫折也就越多，只有在一种情况下，接受赠予的人才能真正受益。我们只有帮助他们学会独自走出困境，才能使他们获得永久的庇护。

研究疾病的专家告诉我们，越来越多的迹象表明，抵抗疾病的力量源于自身内部，只有这些抗体低于正常水平时，病毒才有机会肆虐。所以，抵御疾病的方法就是提高自身机能；一旦疾病缠身，战胜它的方法就是提高自身的防御机制。同样，一个人的失败几乎都源于自己的缺陷，身体、精神、性格、意志力或者性情方面的不足。克服这些缺陷的唯一办法就是从内部完善自己。通过自身完善，克服导致失败的源头因素。只有不断完善自己，才能不断前进。

每个人都希望得到命运之神的眷顾。在利益的驱使下，有些人甚至丧失了人性，如果这些人成功了，我们的整个文明就将陷入无尽的苦难中。我认为，人性的差异决定了经济地位的差异。只有广泛传播美好的品质，帮助他人建立高尚的人格，才能更广泛地分配财富。正常情况下，一个身体健康、思维敏捷、品质良好、意志力坚强的人不会生活的窘困。如果没有自身的努力，一个人永远不可能拥有这些品质。就像我说的，别人能够为他做的最多的事情就是帮助他自助。

我们必须不断提醒自己，用来帮助人类进步的资金是有限的。因此，将支出用在刀刃上，让它们尽可能发挥最大的价值，是一件非常重要的事。

我曾坦诚地的表示过，生意场上，本着减少浪费、资源优化的原则，我赞同企业以恰当和公平的方式合并与合作；浪费意味着实力的削弱。我真诚希望这一原则不但适用于商界，也将适用于赠予的艺术。合并与合作不仅能帮助企业应对更加复杂的形势，适应商业发展的趋势，同时对那些致力于为大多数人谋福利的人来说，也是一种有吸引力的、最有效的方式。

一些基本原则

尽管可能会让这一章显得枯燥无味，尽管有人告诫过我连最拙劣的作家都会避免这种写法，但我还是要写下一些基本原则，我所有的人生规划都基于此。这么多年，我所有重要的工作都是在这些大原则的指导下进行的，如果没有这些清晰而连贯的目标，我的慈善工作也不会取得任何实质性的进展。

所以，我认为制定有条理性的计划是至关重要的。

大约1890年的时候，我的慈善行为仍然毫无章法。没有足够的指导原则，也没有明确的目标和方向，我一路摸索着前行，哪里需要我就捐给哪里。随着慈善事业的不断发展，我感到这样的发展实在力不从心。我逐渐意识到有必要规划和组建一个部门，来处理相关的日常事务，才能推动此项事业的发展，就像处理商业事务时采用的方法。我将讲述我们当时制定的一些基本原则，这些原则一直沿用到今天，希望将来可以发扬光大。

可能不应该在这里大肆谈论这样私人的问题，我注意到了这不太得体，但并不因此而介意，因为大部分的工作和想法都是由致力于慈善事业的家人和同事完成的。

每个正常人都有一套生活哲学，不管他是否意识到了。他的思想行为中总是隐藏着某些指导原则，控制着他的生活。当然，他的理想应当是为人类进步贡献所有的力量，无论这种力量多么微小，也不管是通过何种方式。

当然，一个人的理想应该是利用自身资源，努力推进文明的进步。但文明是什么，推动文明发展的伟大法则是什么，这个问题值得认真研究。如果你走进我们的办公室，问慈善委员会或者投资委员会，他们认为文明的构成是什么。他们会告诉你以下几个要素：

第一，生活资料的进步，即物质的极大丰富，包括吃穿住行及卫生、公共健康等得到改善，商业、制造业得到发展，公共财富不断增加，等等。

第二，政府执政能力的改善和法律的进步，即制订保证每个人公正和平等权利及捍卫最大程度的个人自由的法律，并使之得到公正有效的执行。

第三，文学和语言的进步。

第四，科学和哲学的进步。

第五，艺术和品位的进步。

第六，道德和宗教的进步。

如果你问他们认为哪一个是最基本的因素——确实有人经常问这个问题——他们会回答，这是一个学术问题，每个因素都相辅相成，难说孰轻孰重，但是从历史上来看，第一个因素——也就是生活资料的进步，总体来说处于政府、文学、知识、品位、宗教的进步之前。虽然它不是最重要的因素，但它是整个文明构建的基础，没有它，文明将不复存在。

因此，我们进行各种投资，生产更多、更便宜的产品，尽可能地改善生活条件，为人们创造更加舒适的环境。我们并没有希望因此而受到好评，我们也没有做出牺牲，而是获得了最大、最有把握的回报。虽然在许多方面我们都还很落后，但在生产廉价产品、方便获取生活资源、普及生活必需品等方面，我们都远远超过了他们。

有人会问：既然这些福利是全人类所共有的，为什么大量的财富被集中在一小部分人手中？在我看来，虽然富有的人控制了大量的财富，但他们不会也不能把这些财富据为己有，只为自己服务。他们确实拥有大批产业的法定权利，控制着资产的投资，但这只是他们与这些产业延伸出来的关系而已。通过投资这种形式，财富又被广泛散播出去，并逐渐流入工人的口袋。

目前为止，个人所有仍是最佳的资金管理方法。我们可以把钱存入国库或者各个州的财政部门，但是根据以往经验，没有任何法律可以保证这些资金得到比现行方法更合理有效的管理和分配。所以，富有的人有义务维护对资产的法定权利，管理好这些资金，直到比他们更有能力管理国家资金的某个人，或者一群人来接替他们。

我们认为通过高等教育可以促进后面列举的4个因素的发展，即政府和法律的进步、语言和文学的进步、科学和哲学的进步、艺术和品位的进步，于是我们投入了大量资金在国内外建立了各种各样的教育机构——它们不仅向更多人传播人类已有的知识，也尽可能的推进新的科学研究的发展。单独的学术机构能够普及的范围有限，然而新的发现则能够使人类知识领域得到全面扩展，将为所有学术机构共享，并使全人类获益。

我们的委员会正不断拓展投资的新领域，我们不满足仅仅资助那些对我们有吸引力的事业。我们明白吸引我们的事业并不是因为它们更有价值，只不过更有意义的事业还没有进入我们的视野而已。可能一些创新的个人项目还没有向我们提出资助申请。所以，我们这个小小的委员会不会把善款投入单一的渠道，即上门寻求帮助的机构，而忽略掉其他项目。委员会充分研究关乎人类文明进步的各个领域，从中寻找我们认为最具推动力的项目，为其贡献力量。哪里需要这种机构，委员会就去哪里创建它。我希望拥有更多的人才，进行更充分的研究，不断为人类文明扩展新的领域。

这些慈善事业一直是我乐趣的源泉，同时也为我的生活带来了重大影响。在这里谈论这个话题，是希望能再次强调生活中对我们至关重要的事情：与孩子们保持亲密的关系——不论是男孩还是女孩——都将使他们受到潜移默化的教育。因为孩子会学习你的一言一行，学会拥有家庭责任感。父亲是这样教我的，所以我也尝试这样教育我的孩子。多年来，我们养成一起查看信件的习惯，记下必须要做的种种善举，研究一些有价值的资助请求，关注我们感兴趣的慈善机构和慈善事件的历史及发展。

第七章 慈善托拉斯:赠予合作原则的价值

慈善的方式

在上一章,我讲了更加有效地从事慈善事业的基本原则,本章中,我将借此机会谈一下慈善工作中的合作问题,多年来,我一直热衷于此。

既然商业联合能够有效地减少浪费、优化资源配置、获取更大的收益,为什么不将这种方式引用到慈善中去呢?安德鲁·卡内基先生同意成为普通教育委员会成员,表明了教育慈善事业中的合作理念真正向前迈出了一步。在我看来,他既然接受了委员会理事的席位,便表明他同意委员会通过合作的方式来资助我国教育机构。

每个人都应该感激卡内基先生,他用财富为相对贫困的同胞谋取福利。他致力于投身第二故乡的公益行为也为后世树立了光辉的榜样。

普通教育委员会成立的目的,在于以系统、科学的方式,帮助推进和改善全国各地教育事业过程中存在的问题,并为类似组织树立一个榜样。现在,卡内基先生已成为委员会的一员。没有人知道这个组织最终将取得多大成就,但就目前情况来看，在这种管理方式下，它必定会取得辉煌的成就。虽然我不是理事会的成员，也从未参加过他们的会议，所有工作都是由其他人完成的，但我仍然对此表示极大的信心。

经过多年研究，我们在广泛的领域中拥有了一些更大的慈善事业方案，这些方案正在逐渐成形。庆幸的是，总有一些优秀的、无私的人，对每一项大型慈善事业都给予支持。最令人满意和感动的是，这么多忙碌的人都愿意从紧张繁忙的工作中抽出时间，不求回报地为人类进步事业出谋划策，出钱出力。医生、牧师、律师和各界举足轻重的人物，都为我们所从事的慈善项目无私地贡献着自己的力量。

这样的例子有很多，比如罗伯特·奥格登先生（Mr. Robert C. Ogden），多年来一直在繁忙的商业活动中奔波，但仍然在百忙之中抽出时间，热情地投身于教育慈善事业，充分发挥其人格魅力，解决了众多难度巨大的工作，尤其是改善了南部的公共教育体系。在慈善工作中，他明智地遵从基本原则，所取得的成就必将在未来的日子里产生更加深远的影响。

幸运的是，我的孩子和我一样充满热情，并且比我更加勤奋，他投入更多的精力参与慈善事业。在金钱的问题上，他跟我持相同的观点，即钱要取之有道，也要用之有道。花钱所投入的精力至少要和挣钱一样多。

普通教育委员会一直致力于研究美国高等教育机构的选址、目标、工作、资源、管理、教育理念以及现状与前景。委员会平均每年花费约200万美元，对全国的各类需求和机会进行最谨慎的比较研究。这项记录面向全社会公开。教育慈善家可以从这些公开而客观的调查结果中查询到他们想要的资讯。

我国有很多人都在给教育机构捐款，支持它们的发展。然而资助那些效率低下、选址不当而又多余的学校是一种资源的浪费。研究过此问题的人告诉我，那些花费在不明智教育项目上的资金如果得到恰当使用，将能够建立起一套完整的国家高等教育系统，足以满足我们的需求。许多好心人在捐赠前，可能会仔细地调查他们所资助的项目的质量，这些研究应该涉及项目的管理、选址以及周围其他机构的配套设施。但是个人几乎不可能做到如此全面而深入的调查，因为他要么缺乏相关的信息渠道和专业素养，要么可能会忽略细节，考虑不周。然而，如果把调查工作交由普通教育委员会来做的话，就会取得事半功倍的效果，因为委员会的官员拥有相应的专业知识、工作技能和情感支持，受过专门训练，能够完成这样的调查任务。如今，狭隘的排他主义正在土崩瓦解，各行各业的优秀人才正联合起来，共同完成人类进步的伟大课题。

罗马天主教的慈善事业

说到这里，我想到了一个事例，即罗马天主教。他们在慈善事业上的发展有目共睹。我吃惊地发现，一笔有限的资金在牧师和修女手中能够发挥多么大的作用，得到多么充分的利用啊！当然，我也十分钦佩其他慈善机构的出色表现，但在罗马教堂的组织下，同样一笔资金所发挥的功能要远远大过其他教会。我举这个例子，只是为了强调组织原则的重要性。数个世纪以来，罗马教堂一直致力于完善强大的组织力，这一点我就没有必要再回顾了。

我一直对这些问题抱有相当大的兴趣。我的助手们成立了一个规模很大的组织，专门调查我们接收到的资助申请，他们的工作地点位于我们在纽约的慈善委员会办公室。单枪匹马地进行调查是行不通的，我已经多次强调了合作的重要性。我们每天都会收到几百封信件，谁也无法单独处理这么多工作量。这是显而易见的，我不可能一个人处理所有人的申请。

我们制定了很多方案，在不断的实践中，这些方案逐渐得到完善。我们在项目上所获得的成功，绝大多数是经验累加的结果，是许多热心人士共同完成的事业。

已收的资助申请

我们专门设立了一个部门负责处理大量的信件。阅读它们，进行分类和调查。起初我们以为这项任务非常艰巨，但其实真正做起来后才发现这并没有想象中那样复杂。这些信件内容各异，描述了写信者遭遇的不同困境。然而，其中 4/5

的信件都是申请供个人使用的捐款,除了感激不尽,没有任何别的名目。

不过,仍然会有一些很有价值的申请值得关注。这些申请大体分为以下几类:

第一,地方慈善团体的申请。这些慈善团体会向当地居民发起呼吁,而好市民们便团结朋友和乡亲,写了这些信,助当地政府一臂之力。然而,这些地方慈善团体、医院、幼儿园及类似机构,不应该向其提供服务的地区以外发起募捐,应该由最熟悉当地需要的当地人民来承担。

第二,全国性或国际性的申请。这些申请是针对全国范围内的富商的,因为他们的财富不仅能够资助当地慈善团体,还能承担更多的慈善事业。在世界范围的慈善团体中,有许多大型慈善组织和基督教组织。知名财阀经常会收到来自世界各地的资助申请,谨慎明智的捐赠者越来越倾向于选择那些负责任的大型组织作为媒介,帮助他们把资金分配到不同领域。我也会选择这样做,实践证明这是明智之举。

一个统掌信息的组织最了解把钱用在哪些地方能够发挥最大效用,多年的实践印证了这一点。例如传教士为了特定的目的向富人申请捐助——比如建医院,通常这需要10000美元,募捐理由似乎合理而自然。而这位募捐的传教士隶属于一个强有势的宗教派别。

假如这个申请被提交到宗派委员会的负责人手中,他会发现那个地方其实并不需要建一所新的医院,只需稍加联系,附近的另一个医院就可以满足这个教区的就医需求,相比之下另一个教会更需要这笔钱。各个传道站的管理人都知道这些情况，但捐钱的人却一点儿也不了解。在我看来，先去咨询掌握全面信息的机构再决定是否捐款，才是明智之举。

一些杰出人士在面对自身的社会责任时，试图通过一些理由让良心得到安慰，这个思想过程十分有趣。例如，有人会说："我不会把钱给街上的乞丐，我不相信他。"我同意这种观点，我也不大相信这类乞讨；但这不是逃脱责任的理由，我们仍然要贡献出力量，帮助改善以乞丐为代表的那类人的处境。我们不轻信乞丐，不屈服于这类人的索取，恰恰是我们必须加入并支持当地慈善组织的理由，这些机构能够公正而人性化地对待这一阶层，辨别出哪些人值得帮助，哪些人只是为了骗取同情。

又有人说："我不能把钱给某某委员会，因为听说那些钱只有一半甚至更少得到符合初衷的运用。"实践再三证明，这种观点并不符合现实。即便真的存在这样的问题，捐赠者也应该帮助这些机构更加有效地开展工作，而不是逃脱应有的责任。任何借口都不能让一个人握紧自己的口袋，不能成为摒弃承担社会责任的理由。

彼此相关的慈善机构

对待慈善事业一定要谨慎，不要搞重复建设，而应该加强及完善那些投入运作的团体。然而，重复建设的例子很多，捐赠时困难最大的一个问题就是确定这个领域是否已经饱和。很多人在捐赠时,只是简单地考虑他们所捐赠的机构是否得到规范及严格的管理,而完全没有考虑这一领域是否已经存在其他机构,这是极其错误的。以下便是一个例子。

一群热心人士计划兴建一家孤儿院,该孤儿院将会由最有势力的一个宗教进行管理。在这些参与捐款的人中,有一个捐款人在捐赠之前,总是要认真研究该项目的具体情况。他问这个机构的倡导者,这个社区现有的孤儿院有多少张床位,工作效率如何,分别建在什么地方,以及还缺少哪一层次的孤儿院。

这些问题,组织者一个也答不上来。于是他决定自己搜集信息,使这个方案能够更有效地发挥作用。经过调查,他发现这个城市有很多类似机构,大量的床位处于闲置状态,这一领域已经达到饱和。事实表明这里完全没有必要兴建新的孤儿院,于是,他把这个情况告诉了项目的组织者。我希望这个计划后来被取消了,但事实并非如此,一旦人们善心大发,就不会去管方案对错与否,因而募捐仍然会坚定地进行下去。

如果继续按照这种呆板、僵化的方式工作,个人努力的价值就会被忽略。我的观点是,协同合作的工作团体不应该忽视个体的努力,而应该巩固和推动个人的积极性。慈善事业中的协同合作正在日益发展,同时,广义上的慈善精神也应该得到大力推广。

高等教育的资助申请

毫无疑问,那些与主流意见不合的人会招来许多非议。许多人只是看到了日常生活中的最表面的需求,却没有意识到那些不太明显却更为重要的需求——例如,高等教育的重大资助申请。无知是贫困和犯罪的根源——因此我们需要提高教育水平。如果我们协助推进教育的最高形式的发展——无论是哪一领域——我们将在扩大人类认知水平的疆域产生最广泛的影响;新发现、新发明将成为世界共同的遗产。我们不能忽略高等教育的重要性。大部分科学、医学、艺术、文学上的伟大成就都是高等教育充分发展而绽放的花朵,这一纯粹的事实得到了无数次的验证。终有一天,某个伟大的作家将为我们展现这些东西是如何满足所有人的需求,使生活更加符合所有人的愿望,不论是受过教育的人还是没上过学的人,不管是社会地位高的人还是低的人,也不管是穷人还是富人,都将因此而受益。

最伟大的慈善在于不断探索终极性——对根源的追寻,将罪恶扼杀在萌芽状态的尝试。芝加哥大学除了具备一所大学所应具备的综合素质外,还对科研工作给予更多的关注,正是这一点使我对它的兴趣大大增加。

威廉·R. 哈珀博士

提起芝加哥大学——这所前途无限的年轻学府——我总会想起威廉·R. 哈珀博士（Dr. William R. Harper）。他的倾情奉献为芝加哥大学创造了无限光明的未来。

我的一个女儿曾在瓦萨尔学院（Vassar College）读书，我在那里第一次见到哈珀博士。星期天，院长詹姆斯·M. 泰勒博士（Dr. James M. Taylor）经常邀请他到瓦萨尔学院做讲座。当时，我经常在那里度周末，因此总是见到这位年轻的耶鲁教授，并与他交谈，并在某种程度上感受到了他对工作的巨大热情。

芝加哥大学建立后，他担任了第一任校长。我们雄心勃勃，希望聘请最优秀的教师，创办一所不受旧俗约束、采用最现代化教育理念的新机构。他从芝加哥以及中西部民众中筹集了几百万美元，获得了当地一些重要人物的支持和赏识。这是他的过人之处，因为他不仅获得了物质上的资助，还得到了忠实的支持和强烈的个人兴趣——这是一种最好的帮助和合作。他取得的成就远超过他的想象。他在大学教育中体现的崇高理想唤起整个中西部地区对高等教育的浓厚兴趣，带动了个人、宗教组织、立法机构真正行动起来，推进了高等教育的发展。现在的人们或许再也想象不到，目前中西部地区在大学教育上的辉煌成就，很大程度上要归功于这位贤人的智慧与奉献。

哈珀博士工作能力出众,管理能力超群,具有非凡的人格魅力。忙碌之余,他经常会偕夫人到我家做客,我们一起度过了许多快乐的时光。生活中,他是一位非常令人愉悦的好朋友。

我很幸运能够为哈珀博士担任校长的芝加哥大学捐资。然而报纸总是认为哈珀博士利用我们的私交来获取这些捐赠。漫画家为这个话题创造了很多作品。漫画中,哈珀博士成为一位嘟囔着魔咒的催眠师;或者是他闯进我的办公室,而我正在办公室里从报纸上剪优惠券,一看到他,我立刻丢下手头的活儿,从窗户落荒而逃;有的漫画中,我站在浮冰上,顺着河流逃跑,而哈珀博士在后面穷追不舍;还有一些是,哈珀博士像俄罗斯故事中的狼一样,紧跟在我身后,我不时地扔下一张百万美元的钞票,他时不时地停下来捡。

这些漫画带有调侃的意味,其中一些还相当幽默,不过对哈珀博士来说就一点也不好笑了。对他而言,这是非常严重的侮辱。如果他仍在世,一定会很愿意听到我这么说,即在担任芝加哥大学校长的整个任期内,他从来没有书面或口头为芝加哥大学向我索取过1美元。即使在最密切的日常交往中,我们也从来没有谈起过芝加哥大学的财政问题。

在捐助芝加哥大学的问题上,我们采取的是与其他捐助一样的流程。专门负责财务预算和管理的大学职员书面提出申请,学校负责此事的委员会和校长每年在固定的时间与我们的基金会开会,讨论学校的资金需求。双方通常能够达成一致意见，我不需要再添加任何意见，更不需要任何面谈和私下交情。我很乐意进行捐赠，因为芝加哥大学位于我们伟大祖国的中心；它深得当地人民的尊重和热爱；它所从事的是伟大而必需的工作——总而言之，它有能力获得东西部捐赠者的捐款，并且受之无愧。它之所以能够吸引和获得慈善资金，是因为其具有合情合理的价值，并不是在于个人会面或激情四溢的申请演说。

很多人以慈善的名义要求与我会面，认为那会是获得资助的最好办法，这种想法是非常错误的。我们一视同仁，要求所有的申请者提出简洁的书面申请，不需要全面阐述他们认为这项事业多么必要。专业人士会对申请进行评估，如果值得安排会面，他们便会邀请申请人到办公室详谈。

书面申请为我们提供了调查、咨询、衡量的基础，同时也为我的最终审核提供了详细材料。

这其中不存在其他的联系方式。并不像有些申请者所认为的那样，要求提交书面申请而不进行面谈的规定是对其不近人情的拒绝，实际上是更加负责的工作方法。如果这是一个好项目，我们一定会给予认真考虑——这种考虑仅仅靠面谈是无法满足的。

有条件赠予的原因

赠予的金钱很容易带来祸患。向一些本可以获得其他赞助的机构捐款并不是最明智的慈善活动,这种捐赠只会使慈善的源泉枯竭。

每一个慈善机构随时都需要尽可能多的捐赠者,这一点非常重要。这意味着慈善机构可以不断地发出呼吁;但这些呼吁得到回应的前提是他们必须做出成绩,满足社会的需求。况且,公众的关注也为明智的理财、公正的管理提供了强有力的保障,从而也使他们获得持续不断的支持。

我们的赠予都是有条件的,并不是想强迫他们尽义务,而是因为我们希望通过这种方式,使尽可能多的人将来可能成为捐赠者,关注慈善机构发展,并有机会进行合作,从而为这一机构的发展奠定坚实的基础。有条件的赠予经常受到非议,很多时候只是因为人们不了解其中的真意。

慎重、理智、公正的批评总是很珍贵的财富,所有渴望进步的人都应该欢迎这种批评。我遭受过无数恶意的批评,但我并没有因此而痛苦,也没有丧失积极的生活态度。我从来没有想过回击那些与我意见不一,但能够谨慎判断并坦诚表达的人。无论悲观主义者的声音多么嘈杂,我们知道世界正在更加稳定和快速地发展,在心情沮丧与蒙受侮辱的时刻,想到这一点,我们就会得到无比的宽慰。

慈善托拉斯

现在让我们回到慈善托拉斯的话题上来吧!慈善托拉斯

指的是用商业中协作的方法来管理慈善事业。这一理念要想取得成功，必须得到掌握商业技能的专业人士的帮助。一个优秀的商人理应认识到这个理念的可行性并会为之吸引。当这一理论最终以某种形式，或以比我们现在所能预见的更好形式发挥作用时，我们的努力将显得多么有意义啊！

最好的慈善机构应该争取到广泛和充分的支持，这就需要由最有才能的人通过科学方法进行高效的管理。捐赠者可以完全信赖他们，因为他们不仅会对基金进行妥善管理，并会让每一分钱都发挥到最大的功用。目前，整个慈善体系的管理都越来越松散。很多善心人殚精竭虑筹集的用以支撑慈善机构发展的资金，却因管理方法不当，造成严重的资源浪费。

我们不能让那些能够在其他领域有所建树的伟大灵魂沦为筹集资金的奴隶。这本应是商人的任务，同时还要管理好收支体系。教师、工人、雄心勃勃的群众领袖应该从紧迫而琐碎的财务事务中解脱出来，投身伟大的事业，不应该因其他方面的担忧而分心。

慈善托拉斯的建立必将吸引商界中最优秀的人才，就像现在巨大的商机对他们产生的吸引一样。成功的商业人士是一个高尚的阶层。有时候我甚至想说，如果牧师能够更好地了解商业生活的本质，肯定会受益匪浅。我认为，神职人员与商人加强联系，将使两个阶层都有所裨益。牧师以及那些在教堂中处于重要地位的人，在宗教事务上经常会做出令人惊讶的决定，因为这些人几乎没有接受过世俗中的商业训练，这就直接阻碍了慈善事业的发展。

无论在商场、教会，或是科学研究中，正常交往都是建立在信用的基础之上。能力卓越的商人只与说真话、信守承诺的人做生意；教会的代表们经常会指责商人，说他们是自私卑鄙的小人，然而，商人身上却有很多值得他们学习的地方。如果这两种人能够加强交往，增进了解，就能更深刻地体会到这点。

慈善托拉斯的建立将带领慈善事业进入一个新的阶段：它们将挖掘出事物的真相；鼓励和支持工作高效的员工和富有成效的机构；提升慈善事业的理解标准，重点帮助人们学会自助。各种迹象表明，这种联合正在形成，并且发展迅速。在这些托拉斯的理事会中，你会发现许多美国的精英，他们不但懂得如何赚钱，并且承担起将这些钱合理使用的重任。

几年前，我参加了为芝加哥大学 10 周年校庆举办的宴会。主办方邀请我在会上发言，于是我草草写了几条要点。

轮到我发言时，面对着这些客人——这些家资万贯、声名显赫的来宾——我突然发现这些要点没有任何意义。这些人的财富和影响力将为我们的慈善事业带来巨大支持，想到这一点，我感到激动不已，于是扔下发言提纲，开始陈述我的慈善托拉斯计划。

"各位来宾，"我说道，"你们一直希望为慈善事业做出贡献，我也知道诸位事务繁忙，无法脱身。如果你觉得没有精力来研究人性的需求，只有在经过充分的调查后你们才能决定如何捐助。但是，何不像你为自己及子女储蓄财富，把钱放到信托机构？不管这个人多好，如果没有理财经验，你肯

第七章　慈善托拉斯：赠予合作原则的价值　111

定不会想要把留给子女的财富交给他去打理。同样，捐赠给社会的钱，也应该得到谨慎的管理。慈善托拉斯的理事们将为您处理这些事务。让我们成立一个组织，一个托拉斯，聘用专业人士，与我们共同合作，妥善而高效地管理慈善基金，推动慈善事业发展。我恳请大家，从现在开始，行动起来，不要再等了。"

我得承认，这是一个非常正确的决定，直到现在都是。

附录　洛克菲勒信札

一

亲爱的小约翰：

我亲爱的儿子，我为你感到骄傲。马上就是你20岁的生日了，特此寄给你20美元还有我和你母亲的爱。我们都为你感到无比骄傲，因为你的前程、生命给了我们生活的信心。不只是我们，包括你所有的朋友与熟人，都是你要好好珍惜的财富，他们比这世界上所有的财富都有价值。

时间过得真快啊！好像昨天你还是一个婴儿，今天却已经成为一个朝气蓬勃的年轻人了。所以你更应该珍惜时间，为将来做好准备。生命的价值不在于时间的长短，而在于怎样利用；一个人可以活得很久，却一无所获；生命带给人的满足取决于人的意志。

约翰，布朗大学的4年使你改变许多。你学习刻苦认真，持之以恒，完全可以成为卓越学生联谊会的会员。尽管我不善于表达感情，但我相信从我写给你的许多信中你可以深深感受到这点。

让我们感到欣慰的是：你的生活习惯不错，不吸烟、不喝酒、不玩牌、不去舞厅；在花钱上也非常节制，严格坚守我们家族记账的好习惯。和同龄人相比，这一点令我万分自豪。说到这里，我不由得想起休伊特的儿子乔治，他和你同龄，与他买下一整列私人火车等等挥霍行为和放浪形骸的生活作风相比，孩子，你近乎完美。

然而，你的自信心是一朵娇嫩的花，很容易凋零。如果有人指责你，你马上就会张口结舌。你总是很努力地学习，以免受人指责。你一向很腼腆，但这并不妨碍你受人尊重，你正在变得更加合群、更有自信。

你从出生那一刻起就给我们带来了无比的快乐和骄傲，但任何时候也比不上此刻更让我们为有你这样的儿子而感到满足——看你的来信时，我和你的母亲常常高兴得热泪盈眶，你的信令我们感到多么的开心和自豪。

你上次回信说："人们都说儿子必定会胜过父亲。但是如果我能有您一半的慷慨、无私和善良的情感来对待我的同胞，我就不会感到生活没有意义了。帮助您是我首要的责任，也是我今后的快乐所在，不论让我以何种身份担任何种职务。"

看来，你已经做好了继承我庞大产业的准备。这无疑是最令我感到欣慰的。但你说你现在很苦恼，整天在为从事什么职业发愁，不知道是否能胜任一个管理者的角色而苦恼。

其实，这是任何人都会遇到的问题。我给你讲一个我当年求职发生的事，那时我没有多大的选择余地，任何工作我都会很满足。我找到工作的那一天绝对是可以记入我人生画卷中最伟大的日子，我迈出了人生的第一步。

在此之前我还在想："虽然水路的贸易欣欣向荣，可我求职的前景却十分黯淡，没有人想雇一个孩子，很少有人认真听我的求职愿望。"我走遍了克利夫兰所有的公司，有的公司我甚至去了两三次，换成别人可能早就放弃了，我那本不被别人看好的倔脾气帮助了我。

我走进默温大街的休伊特－塔特尔公司，这里主要做农产品的运输代理，我要见他们的老板，结果接见我的是二老板亨利·B.塔特尔。显然他已经对我这个疯狂找工作的年轻人有了印象，他说他需要人来记账，要我午饭之后再来找他。我当时的心跳加速，已经让我呼吸急促了，我努力克制情绪，佯装平静地走出了办公室，我在心里说："我一定会成功的。"我怕他们看到我情不自禁的样子，努力克制走过楼梯的拐弯，然后几乎是一步一跳地回的家。

那天的午饭我吃得很潦草，一阵焦虑后，我又回到了那间办公室，艾萨克·L.休伊特接见了我，我极力控制自己颤抖的身体。我早就知道他在克利夫兰有大量的房地产，还是克利夫兰铁矿开采公司的创始人。果然他一进屋就极有气势，他问了我几个问题，我认真而坦率地回答了他。他仔细端详了我的书法，对身边的人说："让这个年轻人留下来试试吧。"要不是想给老板留下一个沉稳的印象，我一定会跳起来拥抱在场的所有人。

后来发生的事向我证明了他们对于我的需求，或者说对一名助理簿记员的需求。由于他们有很多新生意要做，原来的簿记员已经无法胜任如此大的工作量了，所以他们决定雇我之后就让我马上投入了工作，连工资的事都没提。但我不在乎，许多小伙子在学徒的时候也领不到一分钱，我相信以我的才能一定可以尽早结束学徒生活，领到正式员工的酬劳，所以我满腔热情地开始了第一份工作。回家路上，我开始注意身边的人和事，6个星期以来我一直沉浸在找工作的忙碌中，根本没有留意过他们，原来克利夫兰有着极高的审美价值。而这一切的感受都源自我豁然开朗的心境。

我把那天命名为我的"就业日"。我觉得那天甚至比生日更有意义，我真正的生活从那天开始了，我在商业上获得了新生。也许有些人无法体会我当时的感受，但我不停颤抖的手和发热的脸颊，向我证明了其意义不亚于初次受洗。我发现从少年时代起就一直蛰伏于我体内的活力开始苏醒，并注入到商业世界中去。

我深信，自己真正地长大了，我将要摆脱没完没了的挣扎，摆脱孩提时代荒诞颠倒的世界。我迟早有一天会向所有人宣布："在这里，在克利夫兰，一个叫洛克菲勒的成功者正在崛起！"

约翰，我也希望你做好准备，为伟大的事业而努力。你将要进入一个全新的世界，一个与学校完全不同的环境。我的儿子，你一定会像以往一样让我感到骄傲的。人生的路有千万条，但关键时刻一步也不能走错。

亚里士多德说过："如果我们每个人能够重新活一遍的话，我们每个人都将不朽。"可是，世界上没有一个人可以重新活过，所以你必须珍惜现在的每一分钟。

对于目前的你来说，从事具体工作还需要一段很长的时间，但你可以尝试为职业做一些规划。将那些最吸引你的职业列成表格，再将其他一些因素考虑进去。我建议你还是选择那些在任何地方都有机会的职业。这样即使你要换一个工作地点，也只需带着你的天赋和技能就可以了。

把你的梦想先缩减为两三个职业追求，仔细讨论它们，然后一一参观它们的工作场所。我想我的众多朋友当中一定有人从事着你将选择的职业，他们会乐于提供帮助的。

在这封信结束之时，我还想告诉你，这是你人生中做出严肃决定的时刻，但是不要有太大压力，因为这也是最激动人心的时刻。你可以跨越所有障碍，成为想要成为的那种人。暂时告一段落，留一些时间反思，然后让自己激情飞扬。

我们的小海鸥已经长大，准备起飞吧！

爱你的父亲

二

亲爱的小约翰：

萨斯特教授给我写了一封信，他在信中对你经商的天赋大加赞扬，这让我感到很欣慰。自从你上次回家和我一起参加了商界绅士俱乐部成立100周年的晚餐会后，你说有进入商界的宏愿，并且这愿望发自你的内心，我对此拍手欢迎。你眼中的商界是一个色彩斑斓的大千世界：坐高级轿车、进行环球旅游、在豪华的餐厅里进餐……可以看出你对金钱有着无比的热情，你的经商意识已渐渐浮出水面，这一点很像当年的我。

不同的是，我当年从商多半是出于生计，并不是对商业有多大兴趣。万幸的是我因此找到了适合自己发展的道路，我的大多数成就来源于此。当然也有一些人，他们不能很好地把握商业社会中的游戏规则，下场凄惨。因此，你一定要选择自己感兴趣的，并且能发挥你特长的行业。不要因为某些暂时的光辉，就贸然决定投身其中。

当然，你在选择行业的过程中也许就会发现适合自己的活动领域，这是非常幸福的事情。但这种可能常常很小。你也知道商场如战场。商界是一个极其复杂、范围十分宽广的领域。这是一个随时有人破产倒闭、被压力压倒，从此一蹶不振的世界。我亲爱的小约翰，你知道吗？事业就好比易碎的花瓶，完整时美丽无瑕，一旦损坏就会覆水难收。有感于此，山姆·巴德拉曾有一句名言："在起跳之前瞧瞧前面，播下的种子该收割了。"所以初出茅庐的你，最好从现在开始，马上制定一份为期5年的周密训练计划，以增强自己面对陷阱时的应变能力。

上次你在信中说想进入我们公司，对此我表示欢迎。但是我必须告诉你，如果现阶段你想进入我们的公司，至少还需要3~5年的学习。想要成为熟练的管理人员，就必须勤学不倦。但是我并不希望你为了应付考核而一味苦读，这是不可取的。成绩表并不能反映出真实情况，它只代表了学习方面的情况。如果想熟练掌握公司的经营方法，至少还要花去你5年时间，在这5年中你要熟悉顾客、工作场地、从业人员、经营阵容等内外部的管理方式。只有学好这些，你才有资格享受高级轿车、轻松的旅行和豪华的餐厅。

一旦你确定了目标，就应尽一切可能培养自己的自信心。世界的大小由你决定，因为伟大的成就源于崇高的理想。只要你下定决心，整个宇宙都会来帮助你的。

大多数人不了解商人应该做的事情，他们没有考虑去获取经营方面的知识，却贸然扬言"我要经商"。当然，我希望你从商的意愿是发自内心的，而不是出于家族考虑而做出的违背自己意愿的选择。

你若想在这方面有所成就，首先就应该与相关职业的人进行交谈，但是一定要选择那些人生观不偏不倚的人。与那些沉迷于自己的职业、把经商作为唯一话题的人交往是有害无益的。同样，与那些不忠实于自己意愿的人交流也没什么益处。优秀的人才会对你要学的课程提出建议，并且在你打算开一家公司时，告诉你什么事情是最重要的。

在从商之初，你一定要重视这种准备，就不会浪费过多的宝贵时间。如果不认真选择，你就只能被动地投入无聊乏味的职业，这将给你的一生留下不可抹除的阴影。

以上所说都是我很重视的事情。上中学时，我就很注重社会实践了。每年暑假期间我都会在克利夫兰河畔码头运输公司实习，这种经历让我受益匪浅。我以一段小插曲为例作为说明。

有一年夏天，我在工厂里干一种很艰苦劳累的工作。当时的工作环境相当恶劣。我们实行的是倒班制，一天工作8小时，一周工作6天。然而，大部分的人都是没有任何怨言地从事着这一工作。这使我透彻地理解了两件事情：第一就是有的人终其一生都必须从事这种工作；第二就是这些人将一生中最为可贵的时间都耗费在了条件艰苦的工作环境之下。在我的眼里，他们是可悲的，于是我下决心誓不与这种人为盟。

总之，你要珍惜放下书本的时间，做事要先制定好计划，在你所选择的职业范围内，尽量增加实际工作经验。现在它们对你这种年龄段的人来说，几乎都是崭新的经验，因此，要抓紧把握它们。

尽管你在书本知识上下了很大功夫,但这只是在正规教育的范围内。抱着对知识的渴求心理去对待学业是必要的,因为求知的欲望越强,就越会把学习当成一件乐事。遗憾的是,你的同学中,有不少人只顾着对教师或教育制度等表示不满,把作为一个学生的本分——好好学习——置之脑后。教育制度的改变不是轻而易举的事情,自我的学生时代起已经30余年都没有太大改变了,大部分的施教者也不会变更。

因此,与其对教育制度发无用的牢骚,还不如学会去钻制度的空子。不要只限于学习有关商业经营的课程,你应该把视野放宽,培养明察万物的大智慧,掌握那些能够促使你成为优秀商人的课程。政治、历史、地理、天文学等只是其中很小的一部分。

英国著名作家约翰·德雷登说过,"万物都有它存在的价值"。我完全赞同他的观点。为此我奉劝你,每年都要研究一门新的知识,这样才会使你的视野更加开阔,使你具有变通的人生观,至少会跟以前有所不同。当你最终进入某一领域的产业,或者当你在商界矿区内的崎岖小道上前进时,以前所学的一丁点知识都将显示出难以想象的重要性。

大学期间,你应该掌握与领会弗朗西斯·培根的成功秘诀。他的理念是:"读书使人富有;交谈使人机敏;写作使人沉静。"这些能力的组合对想要获得成功的人来说是必备的3件法宝。

所以,我希望你经常读书以培养写作能力,并且学会与别人推心置腹地交谈。只有这样,才能为你在离开大学时,做好进入社会的准备。我自己也是按照这一方式打好基础的。顺便再说一句,我从不认为以前所学的都是白费的,人都是在学习中成长起来的。

爱你的父亲

三

亲爱的小约翰：

在你即将走入社会之际，我想有必要与你谈谈金钱观。

我们必须对金钱有正确的认识，这当然需要时间来验证。我在你这个年纪时对金钱有着十分美好的向往，甚至有一点疯狂。我知道金钱能够换来道德、尊严和社会地位，这些东西比漂亮的住宅、精美的食物和昂贵的服饰更令我激动不已。

我年轻时曾经着迷于一本名叫《先贤阿莫斯·劳伦斯日记》的书，这让我一度认为自己是一个自相矛盾的人。劳伦斯是新英格兰一个富有的纺织厂主，他通过一场精心的安排捐赠了10万英镑。我每次读到他的信笺总是入迷到极点，他给人的钞票都是嘎嘎响的新钞票，不仅看得到而且听得到。我打定主意如果有一天，只要我办得到，我也要给别人嘎嘎响的新票子。十几岁的孩子的脑子里有这样的想法也许会显得古怪而可笑，但我知道，那是金钱在我头脑里所产生的奇妙效应，也只有在我的头脑中才会这样。

现在看来我当时的想法多么幼稚，如果只知道攒钱，生活就成了一个紧锁的保险箱，东西进不去，也出不来。有一次，我看见许多玫瑰被抢购一空，于是就冒出了一些很小气的念头。因为总有些女孩会收到远远多于需要的花，那么为什么不把这些花再收起来，趁夜晚降临之前卖给那些因为买不到花而心急如焚的小伙子们呢？不过这个想法一经想出就被我给骂了回去，这正是我所警醒的贪婪蝇头小利与开动脑筋、努力工作的区别，如果我利用那可笑的小聪明而成为富翁，那可真是天大的笑话。

金钱仅是万物的外表，而非核心：钱可以买到食物，却买不到好胃口；钱可以买到药品，却买不到健康；钱可以买到相识，却买不到好朋友；钱可以买到享乐，却买不到幸福与安宁。

可是金钱还是统治了我们的生活。你可以否认、抗议，可以宣称对钱财视如粪土——你可以任意表演自己在道德与才智上所受的训练，可是说到底，金钱毕竟还是生活的核心。但金钱的确不是最重要的，它与生命的真意毫不相关。这是我们的一种困境：应该怎样对待生活中那些虽然不重要，却占据你生活核心的事物呢？

我认识许多人，他们对待金钱的观念各有不同。我曾和街头流浪汉一起喝最便宜的酒，他们把仅有的钞票揉成一团塞在裤子口袋里；我也和那些证券经纪人聊天到深夜，他们操纵着大量的钱财，却从来不碰1便士现金或硬币；我也见过有些有钱人连1分钱都不舍得花，害怕一丝一毫的财产流失；我也见过慷慨的富人，犯罪的穷人，见过妓女也见过圣徒。

这些人都有一个共同点：那就是他们对金钱的处理方式源于金钱观，而不在于他们拥有多少金钱。简单地说，金钱只有两种选择——要么有钱,要么没钱。不过从感情和心理的角度上讲,它绝对是虚幻的。你可以把它当成任何事物。

即使你对金钱不感兴趣——你只希望不要因此而拮据——它就会变成被某种抽象定义的概念。金钱可以产生利息,你必须盘算怎样进行投资,根据自己收益的多少来纳税,使它成为有着自身含义的财产。金钱像园中的花草,经常遭受经济风暴的冲击。你要像园丁那样照料它,它就会成为你思想的核心,即使你认为自己攒钱只是为了以后不再为钱操心。

你应该怎样对待金钱呢?在赤贫和暴富两个极端之间,什么才是你正确的态度呢?这里没有严格的解答,但有一些基本准则你应该铭记。

古希腊哲学家德谟克利特有句名言:"使自己完全受财富支配的人是永远不能合乎公正的。"如果你慷慨大方,别人也会同样对你,钱财在分享中得到流通,这并不是挥霍金钱——只是希望寻求浪费金钱时的那种刺激。我所说的分享就是用你的钱去帮助他人做有意义的事,而不计较回报。如果你这样做了,你也就成为助人为乐的人,就会有无数与他人交流互助的机会,人们也会以同样的善意回报你。

这种情形就好像人们用外语交流一样。讲同种语言的人可能会有更多共鸣。如果追求钱财让你有安全感,你会发现周围的人也是这样。你们都会戴着面具,握紧拳头,怒目而视。你们的共同点就是猜忌和怀疑。但如果积累钱财是为了分享,你就会发现大家讲着同样的语言——分享,世界就会充满生机。

但还有更重要的一点：如果你是个守财奴，你就不会快乐，贪财的人不能承受损失，而金钱总是来来去去，这是它的特性。守财奴却无法容忍这种必然的流失；而慷慨的人，即使在贫穷的时候，内心也是富裕的，因为他们看到了分享的益处。他们的慷慨常常会点燃与他人分享的火花，钱财的流失成为大家都能从中受益的共同礼物。

大方的人愿意看到钱财从他们手中流出，他们理解关于金钱的另外的准则：有时为了前进，必须损失钱财。拒绝付出的人总被他们渴望获胜的心理压得喘不过气。他们太怕付出，害怕这个世界发生变化。拒绝在交易中有所损失的人常常陷入故步自封的境地而无法自拔。有时前进的需要比拿出最后一个铜板更为重要，这种进步值得我们倾囊而出。

但我并不计较你是否能对金钱达到禅宗式的思想观念。我只想告诉你：金钱是流动的，虚无的，生不带来，死不带去。如果你坚持认为钱财只能增多不能减少，你就是在和诸如呼吸、来去这些自然规律唱反调。无论钱去往何处，生活还得继续，还有更值得我们注意和关心的事情等在前头。

如果你坚持认为金钱最重要，这里还有最后一条准则：金钱具有某种特性，我称之为"物种辨认性"。它可以进行自我辨认：赚硬币的人损失硬币，赚钞票的人损失钞票，赚大钱的人损失大钱。

如果你真的想赚钱，就必须置身于同类人中。有很多讲述百万富翁白手起家的故事。那些人生活在缓慢积累的恐惧之中，这种生活毫无意义。如果你想成为百万富翁，最好学着加入他们的世界，了解他们的规则和技巧，然后将你的才能运用到如何与他们共事相处上。那些赚几百万的人并不比赚几张钞票的人更聪明。但在不同的舞台上，金钱可以成倍地增长，他们的才智获得的报答也更多。

因此如果你想要赚钱，你就要接近金钱，这样金钱也会向你靠近。但面对处理钱财的方法，要铭记这条真理：有多少钱并不重要，重要的是你怎样运用它。

金钱只不过是一种商品，一种双方认可的抽象交易。交易的精神使金钱有了生命力和存在的意义。慷慨的施予者，不论贫富，都将为这个世界带来光明。那些锱铢必较的守财奴，则只会用金钱来关闭我们的交流之门。

做一个给予者和共享者，其他一切问题都会以某种出乎意料的方式迎刃而解。

爱你的父亲

四

亲爱的小约翰：

　　约翰，你最近从事的原油的市场营销工作，一定很辛苦吧？你从布朗大学毕业后，在商业实践中一直扮演着推销员的角色，要知道这是一个吃力不讨好的工作，你也体验到了做小人物的苦恼了吧？但你不应该有放弃的念头，你怎么能一连几天都躲在房间里听音乐或者外出泡酒吧，而不去工作呢？要知道你的事业和人生才刚刚开始，这正是你经受考验的时候。

　　孩子，我对你的一些做法感到有些不安。你应该清楚地知道，任何一个成功者都是从小人物做起的。年轻人都渴望出人头地，但这需要一个积累的过程。没有人喜欢工作，包括我在内，但我喜欢工作中所包含的东西——发现机会，挖掘才能并提升自己，才能为走向成功积累经验。历史上许多著名人物，在你这个年纪时甚至还不如你。所以你不要着急，更不能气馁。

　　在我年轻时的日记中，记载了我当年还是无名小卒时的历程：

　　有一年暑假，我决定找一份临时工作锻炼自己。有个朋友对我说俄亥俄州机械制造公司在招聘工人,我决定去碰碰运气。

第二天,我早早地来到了面试地点。10点钟一过,排队的人群开始稳步地向前移动。不久,轮到我面试了。

"你想找个什么样的工作?"一位人事官员问道。

"薪水最低的工作就行。我急需一份工作。"我说。

"好吧,我们雇用你了。"

那时的我正处于低潮期。我需要一个起点,哪怕是最底层的。现在我终于拥有了这个机会,我被安排在组装线上。那时公司正在为陆军制造机车手提灯,我的工作是把带着铜铆钉的带子缠绕在铁环上。

虽然当时的薪水每小时只有20美分,但是我发现手工劳动有趣而令人满意。人一生几乎都要经历用手劳动的过程,这对我来说并不难。然而,工作的第一天,在组装线上钉铆钉时,我的手就被锤子砸青了。我很担心这一事故会对工作造成不便,于是在得到了老板的许可后,下班后我留下来,试图研究出一个能用受伤手指工作的办法。我在车间里不断探索,终于找到了我需要的工具和材料。我制造了一个木头节子,它可以把铆钉固定住,我就可以毫不费力地工作了。

第二天一大早起来我就去试用新制的工具。我在其他工人到来之前开始做工。结果取得了惊人的成功。这个木节子能固定住铆钉,不再需要手扶,我就可以闲出一只手做更多的活。这一改进也得到了老板的夸奖。这件事使我认识到了任何工作——哪怕是最底层的工作——都需要你认真对待,也许一个小小的发明就是改变你一生命运的契机。"

  自从有了这个木节子，我的工作速度加快了1倍。这样我就拥有了大量的剩余时间，我向老板要求更多工作，并被委以一大堆杂务。我帮助组装线上的女工调整工行台，经过调整使得她们干得更顺手，提高了工作效率。我总是在任何可能的环节中协助我的老板。我总是第一个来到工作室的人，下班后常常留下帮助清理整顿，为第二天做准备。在我看来这是一份不错的工作，既满足了我的需求，又提高了工作能力，为今后的发展打下了基础。

  时间一长，我与公司的人就如同一家人了，我也参加了公司的一些娱乐活动。公司有个垒球队，每周都与其他一些小公司进行垒球比赛。我成了球队的一名管理员。在公司的球场上我结识了奥林·哈维，他既是球队队长，又是公司的采购员。一天练球时，我们谈到了工作。

  "你对这份工作的感觉如何？"他问。

  "不错。"我说，"但在钉铆钉上我已经找不到提升能力的空间了，我想找点更具挑战性的事情干，这样我才能够学到更多东西。"

  我没把这次谈话放在心上，继续做好本职工作。突然有一天，哈维先生来到我们的生产线。"你愿不愿意到采购部门做一个订货员，约翰？"他问。他解释了订货员的职责，并说我可以借此了解到整个公司的生产程序，他强调说，所有生产成品所需的材料都要经过订货员过目。

  我当然愿意。在新的工作中，我的努力和解决问题的能力同样得到了认可和奖励。短短3个月的假期,我便从组装线工人升到了采购部,继而又被提升为经理助理。只可惜不久以后,我就因为开学不得不离开公司。但这3个月的工作使我认识到,没有内部关系和推荐,我仍可以从最底层干起,获得成功。我认为这是获得商业基础的最好途径,并能使我获得在该领域发展的自信。

每次有人问我:"什么才是最可靠的成功之道?"我认为做个好雇员是最重要的。之所以这样认为,有两个理由:每份工作都能为你赢得认可、金钱和自尊,生活也会因此而变得精彩纷呈;一个好雇员在静心等待认可、金钱和自尊的过程中,会发现更多的乐趣。

约翰,你在我的经历中学到了什么呢?你是不是也应该遵循这些建议呢?你刚开始工作,对于这个行业还没有真正的了解,待你稍稍成熟些了,工作就会得心应手了,你就会发现工作中的乐趣。现在,我把我总结的几点职业戒律推荐给你,这些都是我在最底层的奋斗中摸索出来的。

学会在苦差事中潜心等待。大多数年轻人在择业时,都会经历一些辛苦烦琐、单调乏味的工作:为日理万机的老板跑跑腿、整理通讯录什么的。这对某些人而言,根本就算不上是什么职业,但你必须把这样的工作当成漫漫求索之旅的重要起点。

乐于接受并主动要求额外的工作,但要适度。在展销会上,你可能还不够格儿代表公司,但别让他们忽视你乐于承担工作。如果你有兴趣更好地组织本部门,那么就要大胆地说出来。但记住一点：你必须具有承担那些工作的能力，并且要全力投入。

雄心勃勃并不意味着张扬。真正的成功，必须要提升智慧和人格魅力，除此之外别无他法。你要在暗地里雄心勃勃，随时注意是否有合适的空缺，伺机而发。事实上，原动力和奉献是带来成功和喜悦的最好的"进攻"策略。

人与人的差距更多体现在思想方法上，虽然起初大家站在同一起点，但日积月累就会越拉越大。所以要时常审视与他人的差距并及时总结，方能迎头赶上。你要善于观察、学习、思考和总结，你不能逃避，也不应该一味地苦干奋斗、埋头拉车，这会导致一个人原地踏步，总是重复过去犯下的错误。

成功的规则未必这样笃定，你要有很高的悟性，学会自己去发现和总结。面对差距和挑战，要及时调整心态，增强自信心，要学会独立思考、多谋善断、随机应变。这是我的心路历程，我今日的成就是我从底层打拼，不懈奋斗的结果。做小人物并不可悲，可悲的是没有从小人物做起的勇气。我希望你能够以正确的心态来看待工作，以饱满的热情对待工作。好了，我相信你明天会按时到公司上班的。

爱你的父亲

五

亲爱的小约翰：

还记得我当年带你到北部打猎时的情景吗？那时候的你是多么勇敢，面对狼群丝毫不惧。我希望你仍然用"初生牛犊不怕虎"的精神来面对今天的挑战。我们要对付的问题主要是对手的新创意。你大概也发现了具有创造思维是多么的重要，而创造能力是人的心理本能之一。

虽然我们有一种产品在市场上落后于竞争产品，但我们并非对此态漠不关心、等闲视之。

针对这种情况，我们一直以来贯彻着一个方针，即把公司的相当一部分盈利投资到持续性的研究和开发项目里。最近为改良现有产品，我们做出了不少突破。因此，我坚信我们很快就能消除竞争产品的威胁。

技术部门新开发的技术产品投入市场毫无起色，这一定会让你感到担心。约翰，别着急，以我的经验来看，新的改良方案都不应该立即拿到市场上实践，只有在面对现在这种"不时之需"时，才是最好的投入时机。

要想成为一个成功的商人，就必须学会总结经验教训。在这件事上，你应该学到的第一条教训是：很多公司将利润的大部分以红利的方式分发给股东,而不是投入到新产品的研发中,这是一个极大的错误。一家优秀的公司(比如我们公司)应该重视产品研发,只有这样才能使公司立于不败之地。因为所有的股东都是家庭成员,因此"今天投资是为了明天发展"的策略执行起来要比其他公司容易一些,这也是唯一的成功之道。

第二条教训是:要在员工的思想意识中树立想象力和创造力的观念,这对一个公司的成功来说相当重要。通常人们会认为若想获得成功,只要接受教育并乐于努力工作就可以了,时代变了,这种观念已经落伍了。当今成功要依赖于想象力和创造力,再加上知识和努力工作。

一般认为,发明家都是"天生"的,大多数人不具备极高的创造能力。而我则认为所有人都具备这种能力。

我在刚进入商界时,总认为自己一点也没有继承到你祖父的天赋,并为此懊恼不已。庆幸的是,时间、学习、实践和经验证明,事实并非如此,但我在那时却很难认识到这一点。如果我相信自己的能力,就会减少许多不必要的苦恼、烦躁和不确定。

你也是个年轻人,也会犯我当年的错误。不要因为在美术课上只能画简单的人物造型,在英语课上只能写一首小诗,就盲目否定了自己的能力。幸好,有了你母亲和我的经验,可以帮助你纠正这一错误的意识。你应该知道创造力不仅在于漂亮的图画和明快动人的散文,伟大的发明常常是在日常生活中突然而至的。

创造力和天赋是以不同的方式在日常生活中表现出来的。很多时候人们都忽视了自己的创造力。你能够从普通的销售人员做到销售经理,这在很大程度上就是依赖于你在工作中所表现出的创造性思维。比如,如何更好地接触新客户,解决现有客户的问题,进行谈判,完成合同,平息员工的不满情绪,鼓舞团队取得更大的胜利,出色地交谈和演讲等等,这些都是你的创造力的表现。

利用创造力资源有几个步骤:向思维输入信息,让它在安静中慢慢酝酿想法,进行"策划",然后跻身于世界知名的发明者当中。如果当初就能领悟这些的话,就可以省去很多徒劳的苦恼和动摇。正如约翰·巴肯曾说过的:"作为领导者,他的任务不是把伟大加之于人的身上,而是要去发挥这种伟大。因为伟大早已存在。"

约翰,现在你只是在犯许多人都会犯的错误。创造力的应用有以下4个方面。我把这些方面称为"心理活动""成熟期""孤独"和"主人翁精神",下面我就各个方面进行一下探讨。

"心理活动"指的是首先要在潜意识中储存所有已知的事实,然后在潜意识中理清复杂的头绪,做到心中有数,很快就会找到解决方案,各种办法就会接连浮现在你的脑海里。有时会在你意想不到的时候突然出现。总之,办法会浮现到你的脑海里,并以某种形式集中起来,之后你就可以去实践它们。

"成熟期"是指这个想法的酝酿过程,不能急于求成。当然也有例外的时候，但一般来说，构思需要时间。有时甚至会花上好几年的时间，耐心思索，反复试验，在潜意识中储存新的数据，等待最后的解答。

诗人罗伯特·李·费罗斯特是这样说的："牛顿在抓住灵感之前，苹果曾多次落到他的头上。自然会反复启发我们，而我们则是偶然得到了灵感。"人类以这种方式"抓住灵感"，发明了车轮、纸张、玻璃、电、汽车、飞艇，在其他方面也取得了许多卓越的成就。

"孤独"是创造力的重要的催化剂。为了抓住灵感，必须让心灵安静、平和，需要有使新构思浮现在脑海里的安静时刻。詹姆斯曾这样说过："正如社会可以培养完美的人格一样，培养想象力需要孤独。"我在星期四傍晚离开办公室，星期一才回公司就是这个原因。一般的朋友认为我在星期五休息。他们不知道，星期五不管我是在家里度过还是去划橡皮艇，对于我来说都是安静"思索"的一天，是长期以来成果最多的一天，是最宝贵的工作日。

"主人翁精神"的定义是"为了达到特定目标，将两个以上人的知识进行统一"。解决问题的时候，"把脑袋凑在一起"常常比一个人想要好得多。

这些与我们正在面对的新产品的竞争又有什么关系呢？我相信你已经有了答案，那就是要利用我们的创造力——这是每个人与生俱来的能力。我们的竞争对手目前在某个产品上领先一步，但这并不意味着我们只能坐观事态发展而不做任何准备。

竞争促使企业思考，谁想出更好的创意，谁就赢得了竞争。研究对手的策略是至关重要的。创造力不只是一种沉思，它也需要行动。目前我们在改进产品方面已经取得一些重大突破，相信很快就能够迎击竞争者对我们构成的威胁。

我做生意的一个座右铭是"保持谨慎"，将改进产品的一部分暂时保留，等待时机，不要立刻投入市场。简单说来，就是让对手先亮出底牌，当他认为已经占了上风的时候，你再挑选出最好的一张牌——充满革新精神、完美得足以使对手退缩的产品。创造性需要勇气，这是一个无人涉足的领域，但你将会发现自己可以创造一个伟大的局面。

约翰，这种创造力对公司来说就是创新。创新的出现具有偶然性，我们很难预料会有什么样的创新，或是这种创新会在什么时间出现。创新往往是一个意外的发现或是市场需求带来的变化。

从管理的角度来说，是要通过建立一种制度、一种理念或是一种文化，来增大创新的概率和提高创新带来的价值。创新的本质在于开辟新的市场领域，使公司在激烈的市场竞争中立于不败之地。这其中包含了很多无形的价值。

对公司来说，对某种产品的定型、某项服务的规范，也可以被视为创新，因为它们同样开辟了新的市场领域，具有相当大的价值。创新的真正意义在于能够被有效地转化到价值链中并为公司带来价值。而公司追求创新的本质，在于能通过创新使公司避开竞争，占有更大的市场份额。

爱你的父亲

六

亲爱的小约翰：

感谢你送给我的高尔夫球棒，最近我很迷恋这种运动，它让我的身体得到了锻炼。我还要谢谢你邀请我看电影，我记得你小时候最喜欢看歌剧。另外，我还是想跟你聊一下工作上的事情。听说你的一个老客户，想让你用10加仑的油桶只装9加仑油的方式，给他以回扣。你长期以来一直跟他们合作得不错，为了能够稳妥地签订这份合同，你居然想向这个肮脏的家伙妥协，贿赂他，这让我有些担忧。同时想跟你聊聊诚实的话题。生活并不会让人一下子拥有属于他的好处，道德也许完全是人们做出选择的勇气。

我年轻的时候也做过一些类似的事情，这使我终身遗憾，到今天我都不能原谅自己。我希望你不要犯我当年的错误，一个人的品质即使蒙上很小的污点也会遭人唾弃。如果时间可以倒流，我一定会纠正许多不该做的事情。一个人不可能不犯错，但是应尽量避免犯错，你说是吗？

约翰，我想跟你谈谈作为一个商人所应具有的节操。你如果向这个人妥协，就相当于对自己公司的盗窃。因为如果是作为优惠政策，使公司付出这笔钱，这反而会给公司节省一笔经费，但不能让这笔钱作为贿赂的款项落入这个管理人的口袋里。因为很明显这个人是在玩忽职守，欺骗了公司，利用这种方式进行诈骗。

约翰，如果你向他妥协了，就等于是唆使他干坏事，我当然会第一个站出来反对。在不久之前，我和老朋友聊天的时候，他还在问我，在商界生存最重要的一点是什么，我毫不犹豫地回答说是诚信。因为只有具有诚实人格的人，才是有道德、有品质、生活态度高尚的人，他们日常生活中的正直、坦率是令人感到安心的，在企业界具备这种品质是事业成功的保障。

当然也有那么一批人，与我的观点正好相反，他们不推崇正直，认为名誉远不如财富重要，他们高举的标语是和诚信背道而驰的，这让人感到很可惜。但我坚信，世界不会宽容到让这些无节操的人长期混迹在市场中，不要因为他们而置自己的信用于不顾。不应把诚实说成是一种恩赐或可贵的优点之一，而应该把它看作商业界人士最基本的品质，它是成功的基础，只有它才是能够带来长期成功的真正"原动力"。

相当多的人靠手段进行商品交易，那些人多数都是背叛别人后就远走高飞的。据我多年经验来看，那些人根本不可能长久地混迹下去，因为，在企业界里传得最快的消息莫过于欺诈和违反道德的商品交易丑闻了。丑闻一旦传开，就会带来致命的后果，也就是销售量的下降，每个企业家都不希望看到这样的结果。

你不应该养成这一作风。因为不正直多半是从家庭开始的，孩子性格最初形成的主要因素是父母。而你从小接受的都是完全正确的教育，我和你母亲都是无比正直的人。

父母的榜样力量是最有说服力的。一旦父母以各种方式表现出奸诈的行为，比如在餐厅吃饭结账时，服务生少算了钱就十分高兴，长此以往，教育孩子就变成了无用功。

许多父母由于自身的不良行为，以微妙的方式教给了幼小的心灵去欺诈别人，孩子长大后就会非常明显地表现出来，会严重影响一个孩子未来的人生。我不希望你在这方面出错，因为我和你母亲从来没有做过投机取巧的事情，我希望你也同样拥有健康的道德观。

我一直把保持对顾客、职员、供货单位以及银行关系户的信用作为个人信条，对管理人员严格要求，我们是以这个方针为基础建立起来的，直到现在仍然是我们的基础原则。为了获得良好的信誉，所有人都付出了长期的努力，包括我在内，我为此感到无比自豪。在我看来，作为管理者，不损害信誉也应该是要务之一，因为信用有着不可估量的价值。你应像我一样秉持这个原则，不靠欺骗的手段，而是设法光明磊落地战胜对方。

只有诚实迎接企业的挑战，才会感受到真正的精神焕发，这就是守信用的最大好处。要加强公司的信誉，别人会评价说这是一家信得过的公司，因此你在一开始就应培养自己和手下的员工具备诚信的品质。

因此，对于优秀的企业家来说，诚信远比金钱有价值。金钱的诱惑只是一时的，而品质的纯洁则是一生的。我相信你会在金钱与品质之间做出正确的选择。对一个真正的企业家来说，他通过努力获得的不仅仅是金钱，还有高贵的品质。

古希腊的哲学家第欧根尼曾说："我在找寻真正正直的人。"爱尔兰的哲学家乔治·柏克莱巴说过："诚信是人人都应高举的标语，但实践的人又有多少呢？"诚信或许只是极少一部分人占有的不可估价的财富，信誉是奸诈的人花天价也无法买到的，他们无法体验赢得它的乐趣，就像被阉了的公猪永远无法获得拥有小猪仔的乐趣一样。无论这些人通过不诚实的手段赚取了多少不义之财，相信在基督的"照顾"下，警察总有一天会敲开他们的门。

所以，我们必须用诚信的方式赚钱。话题太严肃了，本应快乐的圣诞，似乎都被我破坏了气氛。不过，约翰，我相信你会理解并接受我的建议的。

我们把话题再转回了那个没有声音的黑白电影，西蒙还向我介绍了许多未听说过的名词：蒙太奇、好莱坞。我想或许我已经过时了，许多我无法理解的东西不断出现在我的眼前，但我相信，诚信是无法被时间带走的，就像我们现在仍在唾弃那个背信弃义的巴比伦大祭司和宫廷诗人。

上帝给人们许多路以供选择，而圣人会走哪条路？

爱你的父亲

七

亲爱的小约翰：

  虽然前两天刚给你写了信，但是那天我无意中从你的一个朋友那里听说，你已经参加了匹兹堡的"认养一位老人"的活动，我一高兴就又想给你写信了。友善的举动如此令人身心愉快，我不明白为什么很多人不做呢？很多人觉得帮助别人会让自己尴尬，事实上，我们真正应该感到尴尬的是：在别人需要帮助的时候却没有提供帮助。

  这世界就是一面巨大的镜子：你是什么样，它就照出什么样；如果你充满爱意、充满友善、乐于助人，那么世界同样展现给你爱意、友善、乐于助人。圣诞节已悄然而至，这是我最钟爱的节日。在这个短短的假期里，我们清点一下自己的钞票，不去考虑经济是否受损，而是盘算能够给予别人多少。这是一个要让别人开心的季节，并在他们的幸福中找到自己的快乐。这是多么简单的事情，可又多么容易被人无视。

  我已经清楚了挣钱和花钱之间的密切关系，早在我20岁时我就为自己一生的财务收支制订了计划，关于挣钱、花费，还有捐助，我清楚记得这个财务计划（如果我能这样称呼它的话）是在何时形成的。那是在俄亥俄州参加一位年长而可敬的牧师主持的礼拜上。他在布道中说："要去挣钱，光明磊落地挣，然后明智地花出去。"我把这句话记在了一个小本子上。

这句话与约翰·卫斯理的名言不谋而合："'能挣钱'者和'能省钱'者若同时又是'能给予'者，便能获得更多的神恩。"我想把赚到的钱用来行善，始终热心地帮助他人，是唯一证明我金钱清白的依据，既然上帝给了我看护这些财富的许可，那他一定知道我会把这些钱更好的返还给社会。

约翰，给予是人类最美好的行为之一。它有着神奇的力量，可以使一颗沉重的心变得温暖和幸福起来。真正的给予，不论是金钱、时间、关心或是其他，都能让我们敞开心灵，使给予者生活充实，使接受者感觉温暖，使某种新鲜的东西从原本荒芜的大地上生长出来。

要真正明白并且牢牢记住这个道理并非易事。我们本能地把生活建立在获取的基础上，把不断积累看作保护自己和家人的方式。渐渐地，我们就会在周围筑起壁垒，使给予变成了一种交易——给予别人就会对自己造成损失——所以即使是微不足道的付出也要首先衡量自身的利益。

即使敞开了心灵，我们还是在寻求别人的注目和称赞，因为心灵期待给予后获得表扬，而不是单纯的为他人服务的喜悦。我们成了自身利益的囚徒，看不到真正的成长和幸福实际上可以通过我们一直抵制的东西获得。冲破这种束缚的唯一途径就是对别人不计回报地付出。

其实，给予也是一种创造的行为。当你给予别人时，也会感到自己焕然一新。两个刚刚还在为一己私利苦恼的人，突然走到一起共同解决问题,温暖和快乐就会产生。他们的善行创造了小小的奇迹,好像整个世界都扩展了。

千万不要低估这种奇迹的力量。太多人只想做大事,想成为圣母特雷莎或阿尔伯特·施韦策,甚至圣诞老人。他们没想过只要轻轻地开启心灵,我们就随时可以对任何人慷慨给予。

亲身去体会吧。试着做一件小事:向从未被大家注意过的人问声好;拜访你的邻居,主动提议帮他整理草坪;看到别人的车胎坏了,停下来帮帮忙。或者再扩大一些范围:买一束鲜花送去养老院;从口袋里拿出10美元给街上的乞丐,要面带微笑,步履轻盈,不是出于怜悯,只是微笑着递给他,然后离开。

你会逐渐明白什么叫作奇迹。你会看到卸去铠甲的心灵,真诚愉快的笑容,你会发现前所未有的人格的力量,理解人所共有的品格,而不是那些将我们隔开的东西。你会发现付出关心和热情只是举手之劳,却可以从中轻易获得幸福与快乐。你将看到我们有能力开启他人心灵的善良之门。

最重要的是,你还可以在这个过程中发现许多志同道合的人。不论你在哪里,或是外出旅行,不管你是否听懂对方的语言,是否知道对方的姓名,你们都能走到一起。因为你们能认出对方,会从那些小小的善举中认出彼此。你会成为善良人中的一员,相互信任,相互依存,并勇于揭示人性中最柔软的一面。

一旦成为奉献者,你将永远不会孤独。

不知你是否注意到了,那些帮助了别人的人,在遇到困难时，一定会有人在那里帮助他。善行会带动善行，善良总是吸引善良，这是世界上最强大的连锁反应。我们每天都有能力去做一些善事，不必到远处去寻找需要帮助的人。可能隔壁就有这样的人，只需要一句安慰的话或者一个很小的举动就可以帮助他们度过一天。

但是，回报并非会像故事中所描述的那么富有戏剧性并赢得公众的崇拜。对善行的回报应该是一种平静的心灵感受：你做了可以让你变得更好的事情，这使你更像自己。在我看来，如果期望做了好事就得到公众的回报，会有损于这一行为的真实性。

我们这个时代的无名英雄是那些为了社会进步而无私奉献的人。每一次你收到非洲马里的那个女孩——你通过美国收养儿童计划领养的女儿——的来信，我能在你脸上看到幸福的光彩。

最高尚的行为是在个人条件最艰苦的时候做出的。换句话说，在我们最需要安慰的时候去安慰别人，在自己痛苦的时候去减轻别人的痛苦，或者在我们几乎不能负担的时候仍然坚持给予，这才是最难能可贵的。

正如 19 世纪的诗人菲利普·詹姆士·贝力所说："行动能证明我们的存在，而不是时间。"所以，继续向世界奉献你的爱心吧，也希望美好的事情能够以"爱心回报的方式"回报给你。

爱你的父亲

八

亲爱的小约翰：

上次回家，你因为我不同意你投资新计划而赌气走了，所以我觉得我们有必要沟通一下。

你的两个朋友——怀特和查理——想让你同他们合伙投资一项新产业。你认为这是一宗赚钱的大买卖。在此，我以一名老实业家的观点向你说明投资一项新产业并不是如你想象的那么简单，必须充分估计合伙经营可能出现的种种情况，我希望你能够慎重审视这一投机事业。

我知道怀特和查理，他们既是你的大学同学，又跟你是一个棒球队的，对吧？他们想和你一起投资大型的建材设备，据说利润相当惊人。约翰，你有投资的头脑是很好的，但是在投资前一定要选择好目标，你不觉得投资大型的建材设备离我们的行业太远了吗？俗话说："隔行如隔山。"我们从没有涉足过这一行业，贸然投资是不是有点太冒险了？

约翰，信任你的伙伴是没有错的，可你有没有想过他们为什么找你合伙呢，而且还只有你们3个人？事情并非那么简单，我推测，他们之所以把你拉去合伙投资，似乎只是因为你经常与我在一起。如果是这样就很容易知道，他们只是希望为自己的新事业找个后援，期待着把我们的利益分流到他们那里。

我并不是认为合伙经营没有好处，但是必须先搞明白什么是合作。合作是所有组合式的开始，这一过程必须具备三个要素：专心、合作、协调。只是简单地把人组织起来，并不能保证获得成功。在一个优秀的组织中，每一个人都要提供这个团体其他成员所没有的才能。

好的合作伙伴是成功的一半，没有什么比错误的伙伴更糟。最佳拍档的价值等同于黄金的重量。不过，有时候恐惧会阻止我们寻找最佳拍档。因为许多人担心与别人分享利益、决策权，以及随着计划或生意的扩展而带来的特权。害怕自然就不能允许我们去做这种事。但组合一对黄金拍档更符合我们的利益，所以我们要克服这种恐惧。

判定一个合作伙伴是否适合，要考虑几个重要因素。如果合伙人都在做相同的事，那么其中一个人就会比另外一个人更辛苦也更投入。这个人就会因此憎恨另一个人拖后腿，而被拉着走的那一方也会憎恨这个人的催促，这样的话，他们怎么能算是最佳拍档呢？例如，两位辩护律师联合组建法律事务所，到了年底，他们自己却没从合伙关系上得到什么好处，毕竟，他们的工作能力是相同的。但是，如果一位辩护律师与一位公司律师合伙，到年底的时候人们就会说："感谢老天给了我一个合伙人——要是没有他，我真不知道该怎么办。"

通过这个例子，可以知道比较理想的模式是，每个伙伴都能提供不同的专业技术和贡献。比如：一个擅长细节的计划，另一个擅长促销和公开演讲；一个擅长推销，另一个擅长内部机制的管理和质量监督。好的拍档就好比天作之合的姻缘——必须小心挑选。如果我们能够真正做到结合正确的技术、工作理论和视野，我们就可以得到一对最佳拍档。

几乎在所有的商业范围内，都需要以下3种人才——采购员、销售员以及熟悉财务的人。这3种人经过协调后，将通过合作的方式，获得个人所无法拥有的强大力量。

许多商业活动之所以失败，是因为他们只拥有清一色的销售人才、财务人才或采购人才。你认为你们是最佳拍档吗？还有，你预备在这项事业中充当什么角色呢？

你只是持股人，为他们提供资金，只是一个旁观者的身份。他们使用你的资金而你却是一个旁观者。约翰，你很清楚，新从事的产业并非属于我们熟悉的行业范围，而你的朋友们同样缺乏经验，如果不借助经验与锻炼而只是本能地去设想产业经营的方法，你们可能会成为天才。但我认为这种可能性实在是太小了。

你想想看，你拥有同等的管理资格，然而却仅仅是出钱，而怀特、查理一开始都会为事业全身心投入。可是随着时间的推移，你们中将有人在半路就失去兴趣，这种现象是很普遍的。即使是成功的时候也会如此，没有避免的方法。一旦进展困难，他们每天就必须多花七八个小时来工作，这种重负会把某些人的妻子压垮，最终的景象将惨不忍睹。

"我们每天像黄牛一样辛勤劳动，约翰这小子却如此逍遥，每天花上 2 小时掏出 100 美元去享受午餐，这也太不公平了。"

"为什么非得加班不可呢？大伙不是都玩儿去了吗？我挣的 1 美元有 2/3 给了他人，我何苦为了那 1/3 的钱而折磨自己呢？"

于是对你的抱怨声纷沓而至。"为什么那小子要从我们所挣的每 1 美元中抽走 1/3 呢，他可是什么活也没干！"

人是很容易淡忘的，启动公司时你在资金方面的贡献，并不会使他们永远对你充满感激，在经营者的脑海中，一直想着的是这样的事实："你为我们的公司做了什么？"

约翰，在合伙经营之前，你必须考虑清楚费用、必要的牺牲，以及忍耐长时间乏味的工作，还要觉察到种种经营过程中遇到的困难。如果你下定决心要投入这项新的冒险产业的话，我期望你能够取得成功。

通往成功的道路上有许多充满诱惑的停车站，只有抵制住诱惑才能抵达成功的终点。

爱你的父亲

九

亲爱的小约翰：

也许你会觉得我的这种交流方式有些无聊、可笑，为什么不能当面说清楚，却非要用信件这一间接的表达方式呢？我想你是无法理解的。

昨晚，当你说要向我借 1000 美元来度过这两个月的时候，我真的十分惊讶，作为一个拥有上亿资产的庞大公司下属分公司的销售经理，你操纵着公司的预算、财务报表与资金分配，身处要职，却手头拮据，这让我很是意外，在我看来你还不至于一文不名吧，但你竟对我说"我手头很紧"。我觉得有必要跟你谈谈如何管理好个人资金的问题。

作为一个大公司的销售经理，私人花销比常人多是正常的，但我没有想到的是你手头会"紧"到要向父亲借钱的地步。你已经具备了管理大企业的才华，怎么就管理不好自己的钱包呢？你应感到一些羞愧，但也不要过度自责，毕竟你也不是唯一一个这样的人。

我认识一类人，他们的年收入在 3 万美元左右，少的 1 万美元，多的达 50 万美元，但无论赚了多少，却总是感到手头拮据，一年下来几乎没有积蓄。要知道，人可以赚很多钱，同样也有多种途径花掉这些钱。大肆花费的人都有一个通病，那就是在制定理财计划时目光短浅。花钱对他们而言，从来就是漫无目的，因此收入再高也会处于"破产边缘"。

许多人容易在扣除所得税之前的工资总额面前犯迷糊，要想避免这一错误，你就应该忘掉税前的工资，把意识集中于税后的净收入。把必要开支从月收入中扣除，剩下的部分才是可以自由支配的金钱。对这部分的钱有两种处理方式：一是全部花掉，二是储蓄一部分。一般来讲，每月必有的花销有房租、住宅还贷、水电费、伙食费等，这些都是必要支出。如果你能够划分好自己的资金，也许就能做到用钱有度了。

你还要学会克制花钱的欲望。一旦发现自己沉迷于某些"欲望"，就要马上根除刺激的来源，把物欲的话题转到创意和新的想法上。在现代许多便利的消费方式中，有一种是值得诅咒的，那便是信用购物，它是导致冲动购物的原因，使人很容易犯下消费过剩的毛病，且次数会不断增多。买方正是被人利用了这一购物冲动，所谓"信用购物"就是卖方劝诱我们不断花钱，直到消费过剩为止。

有一种方法可以预防过度消费，你不妨尝试一下，即逛街的时候把一周之内可以使用的现金带在身上，仅用现金维持日常消费。拿着现金去娱乐、购物，这其实也没什么不对的。与当今社会中动不动就将人不知不觉地引向破产的信用制度相比较，现金消费会使这种破产的可能性大大降低，这是不争的事实。

作为一个男人，你应避免为打发时间而在商场闲逛。少看那些令人眼花缭乱的广告，减少不必要的购物欲望，将心思放到一些更为持久的事物上，同样也会节省许多开支。

你现在总说支出太多而令你无比头痛，但是如果问你的钱都花在了哪里，相信你肯定会不记得，真正的大笔支出必须作为大问题加以重视。在商界的发展中，你是不折不扣的成功者，但是随着事业的成功，一些不可避免的物质上的排场也会纷至沓来。

我看到过一篇文章，内容是一位专家对当前一些成功者的消费的研究，我想你肯定能够在其中找到自己的影子：2/3 的成功者拥有真迹名画；几近半数的成功者拥有古董；35% 的成功者拥有 2 幢房子；3/10 的成功者至少拥有 3 部大小车辆；15% 的成功者在自家后院建有游泳池；13% 的成功者拥有 1 间游戏房；1/10 的成功者拥有 1 艘私家汽艇；2% 的成功者建有 1 个网球场；1% 的成功者拥有室内球场。你符合其中的几项呢？

我们对金钱、物质和成功三者之间的关系，必须有一个内在均衡的看法。大部分成就非凡的人都不认为金钱是判定他们成功与否的重要标志，高收入被视为成功的副产品，并非成功的原因。你要牢记一点，财富并不是指你拥有的多少钱，而是你赚的钱可以让你过上什么样的生活。在你看来或许并没有什么差别，你认为赚钱越多就可以过很多人过不上的生活。但实际并非如此，你会发现赚得越多消费也多，负担就会越重，这一点你应该深有体会。如果要拥有财富，第一件事就是要学会如何按照自己的意愿去生活，也就是如何把握你的开销,若你赚 500 美元花 300 美元的话,会带给你满足感;但相反,如果你赚 500 美元却要花 600 美元,那么生活就会悲惨起来。我的意思是,当你开销大于收入的时候,就表示你的生活将要出现麻烦了。

再来谈谈有关银行户头的问题。存款主要有两个用途:一是为了支付无法预期的支出,比如家里的冰柜因为年久失修无法再使用;另一方面是支付那些需要按年支付的资金,诸如固定资产税、所得税的年末申报上缴部分、孩子的学费等较大的开支。因此为了有备无患,应该计算出每个月应存储多少钱,以支付每年的固定大额支出。为此你必须老实攒钱,这些存款就是固定开支,你绝对不可以将其挪作他用。

你现在还年轻,可能还不习惯这一观念,有些事也许可以等到以后再考虑。但我在你这么年轻时,就决心对房产进行投资了。而现在,考虑老年生活的年轻人实在是不多了。他们在退休之后卖掉地产,迁移到容易管理的、费用较少的公寓去,生活费的来源则靠卖房子所得金额的利息就可以了。那个时候,因为孩子都已长大成人,家中所需的空间也不用太多。年老的人没必要再为房子扫雪,赋闲时敞开家门也不用担心什么,这确实是有先见之明,实在算是精细的资金计划成果。

那为何住宅是最好的投资呢?按照现行的税制,房产跟其他的投资不同,购买房子时派生出的资本利润无须纳税,它是第二种银行户头,通过还清分期偿还的借款,或者通过物价上升后产生的买入价与市场价之间的差异,它所带来家庭的净收入就会大幅上升。为了比较得更清楚，最好调查一下必须纳税的投资的利润率，扣除税金一看，你会看到实际纯利润率小得如此可怜，这的确有着太大的不同。而且投资于房产，你还可以在你拥有它的时候充分地去享受它。其中的美不胜收与温馨宜人，只有你身临其境时才可以体会得到。

还有一点，我认为在支出中很重要的一笔固定花费就是生命保险。万一你被生活逐出正轨时，你就知道生命保险金的重要性了，这可以保证你的家人不需要靠救济金生活。最好还要考虑一下培养孩子所需要的经费。这也是一大笔钱。即使你不在世，这笔钱也是必需的。

你现在管理着一个大公司，应该会计算必须支付的生命保险金，最好像我一样，选择普通终身保险。你的开销如果低于收入就能够避免这些麻烦的债务问题，否则花钱就真的会像流水一样。

当前大部分年轻人，忍耐不了把钱放在银行或家里。他们常常用这些钱到南方去过一个温暖的冬季，买2辆新款汽车，周末去豪华的餐厅享受美食——否则就会觉得不开心。他们像上了毒瘾一样，周密地制订这些奢侈的财务计划，却不知道这是多么错误的理财方法。

如果你想财富源源不断，就要学会管理它们，虽然控制开销不能让你短期暴富，但它所建构的是你未来的财富，确保你能够更好地照顾家人，使你远离债务的烦恼，如此肯定就会积累出能够创造更多财富的资产，同时你也可以去细细品味生活的乐趣。

许多人认为命运早已被上帝安排好,谁也无法改变,这是错的!命运是由自己控制的,你每天的生活,只有你才有能力改变它。人们常常会后悔,因为想要更多的金钱,以为这样就能够随心所欲,得到幸福,事实却恰恰相反。

作为你的父亲,我没有权力调查你用钱的途径,我也永远不会那么做。如果你向我借钱,就需要提供相应的保证,1000美元按每年20%的利息供给你,按每周50美元预先从工资收入中扣除,我已经把这个意思明确地写了下来,希望你能够签字认可。或许你会说我过于严厉,但是为付清"预想不到的花费"而借款,恐怕这样的条件还不够吧!

爱你的父亲

十

亲爱的小约翰：

　　我的孩子，得知你在股市上亏钱了，我也很痛惜，当然不是为钱，而是你的态度。你说被一个名叫詹姆斯·基恩的著名股票交易商骗了。然而，这只是一个借口。我不会指责你，也不会喋喋不休地教导你以后该怎样做。我的典型作风是：真正的教训就在于我什么也不说，什么也不做。

　　你找借口开脱的行为让我很不高兴，你是否意识到你总会出一些细节上的错误，并总找借口推脱。你习惯用借口掩饰自己犯的错，并常常为成功推脱责任而暗自得意。但是，洛克菲勒家族的观念不是带着借口去工作。在洛克菲勒家族，我接受的观念是，优秀的人没有借口。男子汉在失败时要勇于承担责任，努力找到完成任务的方法。

　　你要对自己诚实，找出犯错的真正根源，并想办法改正它。有了过失就要承认并改正，然后加以弥补，想方设法使别人相信你的借口是自欺欺人的行为，结果只会让你很尴尬。一个人犯了错不要紧，就怕犯了错误还不承认，这是最不可原谅的事情。一个人在面临挑战时，总能给未实现的目标找出无数理由。但是找出错误的原因才是最重要的事。

生活中常常会遇到这样的人，明明在某件事情上犯了严重的错误，可是为了推卸责任，他往往要用自以为雄辩的口才进行一番狡辩，试图从责任圈中逃脱出来，将所有的责任都归罪于他人或其他客观原因。这样的人，也许会有那么一两次成功地为自己开脱了责任，可是正是由于这一两次的成功，便使他更加认为自己的能耐很大，于是他们的胆子越来越大，错误也随着胆子的增大而增多，于是他们便一次又一次地寻找理由为自己开脱，直到有一天再也无法开脱，坠入无底的深渊，从此万劫不复。

安东尼，是一位长期在公司底层挣扎，时刻面临着失业危险的中年工人，有一次他来到我的办公室，他讲话时神情激昂，抱怨他的上司不给他机会。

"你为什么不亲自去争取呢？"我问他。

"我也想过去争取，但我不认为那是一种机会。"他依然义愤填膺。

"能告诉我是怎么回事吗？"

"前些日子，公司派我去海外营业部，但是我的年纪大了，怎么能经受如此折腾呢？"

"为什么你会认为这是一种折腾，而不是一个机会呢？"

"难道你看不出来吗？公司本部有众多职位，却让我去那么远的地方。我有心脏病，这一点所有人都知道。"

我无法确认是否所有人都知道这位先生有心脏病，如果有的话，我真希望他肝火不要那么旺，我更倾向于认为他犯了一种严重的职业病：找借口开脱自己。

那些抱怨缺乏机会的人,往往是在为失败寻找借口。成功者不需要编制任何借口,因为他们能为自己的行为和目标负责,也能享受自己努力的成果。借口总是在人们的耳旁窃窃私语,告诉自己因为某种原因不能做某事,久而久之我们甚至会潜意识地认为这是"理智的声音"。假如你也有此类情况,那么请你做一个实验,每当你使用"理由"一词时,请用"借口"来替代它,也许你会发现自己再也无法心安理得了。

其实为自己开脱的最好办法,就是尽可能不犯错。可是一旦犯了错,也不要想方设法地掩饰,不妨老实承认。越是掩饰自己的错误,错误反而会越明显,这就是所谓的欲盖弥彰。而当你老实承认了错误的时候,你就会发现别人并没有因为这个错误而轻视你,相反,大家会对你的诚实表示赞赏。

总是寻找借口开脱自己的行为,是耍小聪明的行为,这种耍小聪明注定不会耍得长久。因而我建议你,无论在什么情况之下,还是诚实一些的好。

有些人在被要求的时候,往往习惯用生病当借口。你生病的日子似乎总是安排在假期附近,你的"生病"总让人有一种巧合的感觉。我建议这些人不要滥用病假,还是多考虑缺席给其他人带来的影响。要诚实,需要放假应从实申报,或者在自己的假期中扣除,如果你确实大病不宜工作,那么应该尽早通知你的上司。要避免无病装病,更不要把生病作为借口。

生病对于很多人来说,是很好的休假理由,尽管谁都不愿意自己生病。尤其是那些不愿意工作的人,往往会借口生病了,获得一两天可以逃避工作的时间,这样的事,我想几乎每一个人都碰到过。

任何一个部门,对生了病的人都不会有太严厉的要求,因而以生病为借口获得休息的机会,对许多人来说自然也就成了首选。如果只是为了获得休息的时间而谎报病情,那就太不值了。你可能欺骗了上司一时,但若以此为习惯,你的一生就会在不知不觉中染上了一种怪病。你要知道,如果你谎称自己生了病,就必然要为这个谎言找到证据,这样一来,本来没有病的你,却成了真正的病人,一个心理病人。

如果你是一个清醒的人,应该知道生理上的病并不可怕。可怕的是心理上的病,一旦它在你的身上潜伏,那么这一生都将无法获得解脱,从而不自觉地受它控制。想想看,如果到了这种地步,你不觉得可怕吗?

所以我劝你不要总以生病为借口,如果想休息,最好还是走点正路。一个老是说自己有病的人,就算是健康的,最终也会损害自己的身体,久而久之就会成为真正的病人。当然,如果你真的希望自己是一个病人的话,那就另当别论了。

如果你是这样喜欢找借口的人,那么,我劝你最好还是自我反省一番。改掉这个恶习,开始努力工作吧!对待工作要有诚实的工作态度,不要带着借口去工作。除了借口,你给予什么,就得到什么;除了借口,你送出什么,就拿回什么;除了借口,你播种什么,就收获什么。我们给予得越多,得到的回报也越多。

爱你的父亲

十一

亲爱的小约翰：

　　最近听说，你跟巴特行长之间有些不愉快，你还赌气说我们不需要华尔街的支持。你错了，孩子。公司目前来说可能不需要额外的流动资金，可是你知道吗，资金对我们来说太重要了。信誉是商人的生命，讲信用的人处处可以得到银行的资助，而不讲信用的人，银行连一毛钱都不会给他。

　　当年我为了筹建自己的公司四处筹钱，可是没有一个银行愿意借给我这样的没有担保的年轻人，他们认为这太冒险了。当我正为此苦恼时，你的祖父告诉我，他为每一个年满21的孩子准备了1000美元，这笔钱我可以提前拿到。"不过，约翰，"在我喜出望外之时，他又说，"利息是10%。"

　　但我对你祖父了如指掌，他并不是因为想要得到高额利息，才借钱给我的。也许有的人会替我喊冤，纳闷我为什么会接受如此刻薄的条件？但是在当时，我太了解克利夫兰的借贷形势了，虽然我的为人值得信赖，但我的手上缺少筹码，这就表明我是一个没有身价的人。对于这样的人，如果他找不到一个有钱有势的人为他做担保，没有人会愿意把钱借给他的。在克利夫兰肯为我担保的人太少了，你祖父就是其中一个，那么我何苦舍近求远呢？倒不如直接向他借钱来得痛快。而且以我对自己父亲的了解，他最多是向我玩弄一下他那些过度的老谋深算，反正向他借钱又不需要担保，我何乐而不为？

资金到位后，一切就绪，公司开始运转了。新公司的生意出奇的好，我们都乐坏了。过了没多久，老问题又出现了——我们还是需要大量资金。我不得不再次求助于银行。

那段时间，我辛苦地奔波于银行和私人金融家之间，这些行动没有白费，我得到了第一笔来自外界的贷款，是由一位名叫 T. P. 汉迪的和蔼仁慈的老银行家借给我的，对方同意用仓库收条作为附属抵押物。

拿到这笔 2000 美元的贷款后，我走在街上仿佛腾云驾雾一般。"想想吧，"我在心里说，"银行居然借给了我 2000 美元！我觉得自己顿时有了身价。"汉迪让我发誓，决不用这笔钱去做投机生意，我感觉到，自己在克利夫兰金融界结识了第二位对我影响匪浅的良师益友。严肃正派的汉迪除了是一家银行的总经理之外，还担任一所教会学校的校长，他是从艾萨克·林伊特那里打听到我的品行和生活习惯的。

我意识到，一个人是否值得信任取决于他日常的行为表现。而我在伊利大街浸礼会布道教堂里的骨干地位则使我博得了各家银行的青睐。如此看来，在商业贸易中，信誉绝对是最重要的因素。

我记得曾有一段时间，由于公司缺少足够的火车厢来装运面粉、谷物和猪肉，这不仅是现在而且也是以后困扰我们的问题，于是我就经常缠着一位铁路官员求他帮忙，弄得这位长者忍无可忍，指着我厉声说道："小伙子，你要明白，我不是替你跑腿的！"

而与此同时，我们公司最好的客户逼我违反传统的行业惯例，在拿到提单之前就把钱交给他。我没有答应，但又不想失掉这个客户。结果他朝我大发雷霆，到头来我还得再丢一回脸，向合伙人承认我没留住那个客户。直到最近我才得知，那人不讲理的做法原来是当地一家银行设下的陷阱，想考验一下这个年轻人能否经得起诱惑，坚持一贯的原则。现在看来我应该已经在克利夫兰树立了守信用的真正的好名声，这个名声比任何有钱人或官员的担保都更有价值。

后来，我成了俄亥俄州银行的董事。这对我来说并不意味着什么，因为我几乎没有时间去讨好那些古板守旧的银行董事们，也没有精力把那些社交上的繁文缛节放在心上。我一开始还是参加董事会议的，几个上了年纪的绅士一本正经地围坐在桌子旁热烈地讨论由于用新型金库锁而引发的问题。这本身没什么不对的，可我还有很多事务要处理，实在没工夫去开那种会。

但我必须承认的是，成为银行董事可以使我更轻易地获得所需资金，而不必像以前那样，以求人的姿态请求贷款的批准。要知道，为发展中的工商企业谋求资金是一件多么困难的事，难得超乎想象。如果我曾经落到几乎卑躬屈膝的地步，那就一定是因为我要向银行家申贷。起初，我们不得不求助于银行——几乎是跪着去的——为我们提供资金和贷款。

在和银行打交道时，我总是在谨慎与冒险之间徘徊，我常常在上床时担心如何偿还庞大的贷款，醒来后又来了精神，又去借更多的钱。

南北战争之后发行了新的绿色纸币，建立了全国性的银行系统，大量发放贷款来刺激战后经济的发展。我在很大程度上就是靠贷款支撑的，我在 T. P. 汉迪和其他克利夫兰银行家那里得到了巨额贷款，我在他们眼中是十分有前途的青年企业家，他们很信任我。我要让他们知道我是一个正在崛起的新星，使他们觉得藐视我只会自食恶果。

一天，我去找一位名叫威廉·奥蒂斯的银行家，此人曾同意给予我最大限额的贷款。这一回，银行的部分董事表示担忧：洛克菲勒是不是又来说贷款的事？"我在任何时候都很乐意展示我的偿还能力，"我回答道，"下个星期我需要更多的钱。我可以把企业交给你们银行。我很快有一个重要的投资需要进行。"

于是，我取得了他们的信任并与之建立了良好的合作关系。在当时的环境下，要想成功得到贷款，必须懂得如何去安抚这些神经紧张的债主。基本做法之一就是借钱时从不显得过于急切。我记得这样一件事情：一天，我一边在街上走着一边琢磨如何借到 15000 美元应急，当地一位银行家把马车停在我身边，出乎意料地问道："你想不想借 5 万块钱，洛克菲勒先生？"我当时真想马上答应，几乎抑制不住兴奋想跳起来了。但我还是稳住自己，反复打量了对方的脸之后慢条斯理地说："您能给我 24 小时考虑一下吗？"我认为，正是这种淡定的态度才使他以最有利于我的条件达成了借款协议。

取得信任的最好方法是完善自己的性格,我对这点很有自信,特别是在浸礼会派企业家当中。此外,还有一些东西是必须坚持的,那是让银行家对我深信不疑的东西,换句话说,我的做人原则让我获得了信任。例如,我在陈述事实时坚持讲真话,讨论问题时从不捏造或含糊其辞,而且只要我有钱我就会迅速还清贷款。

不得不承认,在我创业之初,银行家不知有多少次把我从危机中解救出来。有一回,由于我的一个炼油厂失火,还没有获得保险公司的赔偿,一家银行的董事们在是否给我追加贷款的问题上犹豫不决。

这时,银行的斯蒂尔曼·威廉特董事挺身相助,让一个职员拿他的保险箱过来,把手一挥说道:"听着,先生们,这些年轻人都是好样的。如果他们想借更多的钱,我要求本银行毫不犹豫地借给他们。如果你们想更保险一点,就用这个来担保吧。"

我由衷感谢斯蒂尔曼·威廉特先生的帮助,他的行为使我得到了更多信任和支持。感谢上帝,让我一次又一次地渡过难关。

每一次投入战斗,都必须有雄厚的资金支持才行,否则是不会成功的。我努力保证手中总是拥有足够的备用金,单凭那无比雄厚的资金,我就可以在许多竞争中取得胜利。我还清楚地记得我有一次在危急之中得到银行的鼎力相助,迅速买下一家炼油厂的经过：

那时需要好几十万——而且要现款，证券行不通。我大约是在中午时分得到的消息，还得赶上3点那班火车。我跑了一家又一家的银行，请求我第一个见到的人——不管是总裁还是出纳——能弄到多少就为我准备多少，告诉他们过一会儿就来提钱。我跑遍了城里所有的银行，接着又跑第二圈去挨家取钱，一直跑到弄到足够的数目为止。我带着这笔钱上了3点的火车，做成了那笔买卖。

这件事让我更深地明白，要在紧急的关头处理好问题，必须在平时同各大银行保持长期的信任关系。

爱你的父亲

十二

亲爱的小约翰：

你现在一定很苦恼，在高级经理人研修班与工作之间做出选择很难。事实上，选择都是很难的。每当我面临选择时，我就对自己说，不管怎么样下一个 5 年都要过去。这句话以神奇的方式使我做出了明智的举措——选择行动。但是，如果不是在做或不做之间，而是在做这些还是做那些之间做出选择，那该怎么办呢？当我意识到如果交付上学的学费的话，我就得花掉我长期存下来买睡椅的钱时，我就碰到了这样的问题。

"如果无法抉择，那就两者都干。"一个朋友对这种情况说了一句似非而是的妙语。当我问他是去新英格兰还是去宾夕法尼亚欣赏秋景时，他就用这句话回答了我，当时这回答使我感到莫名其妙。但当我们拿出地图一看，发现从俄亥俄州往北去新英格兰，然后经宾夕法尼亚绕回来是完全可行的，而且一路都是在万紫千红的花丛中旅行。

我很喜欢这句话，并且喜欢照着这句话去做。去乡下度周末，还是应邀参加城里星期日的午餐会呢？当二者都定不下来时，二者都干。去乡下，但早些回来。我是继续进修，还是工作呢？继续上学，同时也工作。这句格言的深刻含义在于：它提醒我们，在大多数情况下，我们可以把两种选择都付诸实践，也就是说要选择行动。这样远比只选择一种而放弃另一种要好。

约翰，你有时是否觉得什么选择也没有？其实这是无稽之谈，你总是会有选择的。你只不过是认为你可以做的只有一件事——这件事几乎总是别人想做的。当你觉得束手无策时，就换一个不同的角度来看问题。

你可以再三思考，却很难精确预测到你所做出的任何决定的结局：这一切都是不可预料的。当你从事一项伟大而艰巨的工作时，有些事情看起来几乎不可能完成。但如果你一点一点地去做，突然就发现这项工作已经完成了。

冒极大风险做出决定而又持之以恒的那些成功者是怎么干的呢？最有说服力的是他们向自己提出的问题：可能发生的最坏的事情是什么？当我问你的阿里汉叔叔怎么有勇气离开他在纽约市一家公司中万人瞩目的职位，而到新罕布什尔经营自己的小生意时，他的回答是："我希望做自己的生意。"

那么，可能发生的最坏的事情是什么呢？我可能失败，可能倾家荡产。如果我倾家荡产，可能发生的最坏的事情又会是什么呢？我不得不找份工作糊口。那么，此时可能发生的最坏的事情是什么呢？我又会厌恶这种工作，因为我不喜欢受雇于别人，于是，我会再去找一条路子来经营自己的生意。然后呢？我将会获得成功，因为我知道如何避免失败了。

对生活负责，就要尊重自己的意志。一个 80 岁的朋友为住在家里还是进疗养院的问题思虑再三。他的年龄是事实，他每况愈下的健康也是事实。权衡这些事实,选择安全的疗养院,该是多么明智。然而令人称绝的是,他没有理会这些事实,而是留在了家里,一直到现在。他已经86岁了,并不需要朋友们的帮助,他自如应付着一切,过着愉快而独立的生活。

另一个老朋友做出了相反的选择,他说:"我累了,需要别人的照顾了。"他的要求得到了满足,他被放在床上供养起来,被挪来挪去,他现在对此厌恶极了。因此,做出选择时一定要慎重——你可能会自食其果的。

艰难的选择,如同艰苦的实践,会使你全力以赴,会使你更有力量。也许随波逐流是轻松的,尤其在面临一个相对困难的选择时,它可能是很有诱惑力的。但有一天回首往事,你可能意识到:随波逐流虽然也是一种选择——但绝不是最好的一种。

你的生活不是试跑,它不会给你准备的时间。生活就是生活,不要让生活因你的不负责任而白白流逝。记住,岁月最终都会过去,只有做出正确的选择,你才有资格说你活过。你必须独立思考,并付诸行动。即便做出的决定未能如愿以偿,但采取行动能够增加成功的可能性;而什么也不做只能增加下一次有所选择的可能性,到时候你肯定又要随波逐流了。

不要把今天的事情推到明天,当天的工作一定要当天完成,并争取完成明天的工作。如果想要冲破难关,现在就去做!如果现在不做,就永远不会有进步。现在不行动的,就永远都不会有行动。没有什么事情比下定决心、开始行动更有效果。

爱默生说:"没有任何想法比这个念头更有力量,那就是:时候到了。"就我的看法而言,全能的上帝不会无缘无故地赋予你希望、梦想、野心或创意,除非你行动的时机已到。

大多数人只能庸庸碌碌过一生。并不是因为他们懒惰、愚笨或习惯做错事;大多数人不成功的原因在于他们没有做对事情。他们不晓得成功和失败的区别。想要成功的头条守则就是:开始行动,向目标前进!而第二条守则是:每天持续行动,不断前进!

不要去等待奇迹来帮助你完成梦想。今天就开始行动!对肥胖的人来说,每天散散步不是多么困难的事,但是一旦付诸行动后,坚持下来就是一件大成就,何况,散步的确会让你的体重明显下降。除非开始行动,否则你是不会达到目标的。今日很快就会变成昨日,如果不想悔恨,就赶快行动。行动是消除焦虑的妙方。行动派的人从来不知道烦恼为何物,此刻就是行动的最佳时刻。

如果总是认为应该在一切就绪后再行动,那你永远成不了大事。有机会不去行动,就永远不能创造有意义的人生,人生不在于有什么,而在于做什么。身体力行总是胜过高谈阔论,经验是知识加上行动的成果。若想欣赏远山的美景,至少得爬上山顶。上帝给了你大麦,但烤成面包就得靠你自己。生命中的每个行动,都是日后扣人心弦的回忆。能者默默耕耘,无能者光说不练。

现在就可以开始行动，朝着理想大步迈进。行动的步骤应该有哪些？把它们一一列出来，然后，逐项实行。今天马上行动！明天也不能懈怠！当你要扩展销售业绩，你的行动项目就应该包括增加拜访客户的次数。如果你只拜访了几个客户，那你就应该再多拜访几个，设定目标，并且遵守它。

如果你需要接受特殊的职业教育训练，那么就马上报名去参加，交学费、买书、上课，并认真做功课；如果想学油画，就先找到适合你的老师，购买需要的画具，然后练习作画；如果想要旅行，现在就开始安排行程，着手规划。

空谈是没有意义的，行动决定一切；一百句空话抵不上一个实际行动。无论你有什么难关，今天都要开始行动，并且坚持不懈！

约翰，今天就是行动的绝佳日子！

爱你的父亲

十三

亲爱的小约翰：

今天上午，从克罗希尔那里听说你受哈佛之邀，为学生做有关你在校期间的实践报告，我打心眼里为你高兴，不过恐怕你还没有为完成这个充满荣誉的任务做任何准备。

我写信给你，就是想要谈谈关于演讲的注意事项。当众演讲不仅需要勇气，更需要说话的技巧；只有先说服别人，才能把你的意愿转化为行动。我记得你在演讲时总是会莫名地紧张，一个失败的演讲者的称谓恐怕不会为你带来什么好处，还会产生许多负面效应，因此我用经验告诉你如何才能成为可以"掌握蛊惑人心的演说技巧"的演讲者。

为了使你放松下来，我先说几件事。首先，根据最近的调查，使美国人最害怕的，不是死亡、自然灾害或者中情局调查，而是在公众面前演说，我对此只是稍微有点吃惊，我能理解这种感受。我年轻时，就像一朵害羞的野花，在社交场合当众讲话对我来说就像是受酷刑一般，面对一大群人发言比上绞刑架还要痛苦。

谈一下我第一次演说的故事吧。当时我紧张得不得了，以至于不得不闭着眼睛讲话。现在想来当时的情景真是太可笑了，而那时我一直希望听众们能够悄悄离去。等我讲完了睁开眼睛一看，我如愿以偿了——只有一位听众还没有走掉。他长着一副学生模样，愁眉苦脸地坐在那儿。我希望能在这次大难后找到点安慰，于是我问他为什么没有走，他皱着眉头回答说："我是下一个发言人。"

后来我亲自找来总统竞选的录像带，由此得到许多经验，我看到一个候选人只是浅尝辄止地引用了几个资料来论证他的观点，而另一个人则巨细无遗的引用了各种数据来说明问题，结果他失败了，民众并不在意数据的详细程度。但是在第二轮辩论中，这位候选人克服了第一次所犯的错误，他没让自己陷进细枝末节的网罗中，结果他获得了好评。

演说不是口头考试，演讲人不是要在讲台上证明他懂得高深的数字意义，演说的目的是为了影响听众。千万不能说："去年我们推销了1725341件产品。"我现在只会这样说："我们的销售量超过了150万。"我不会说出每次增长的确切百分数，我仅会声明："去年的销量稳步上升。"准确的数据和日期只是奇妙的修饰，但最好留在年度报告里说，因此读报告的人可以在有空时仔细推敲这些数据。事业正在蓬勃发展的事实才是土豆煮牛肉，才是听众爱吃的一道主菜。

频繁看演讲稿也是一个十分致命的错误。有一次，我应邀去大学演讲。演讲后，我请教了在座一位朋友的看法，使我很吃惊的是，他记得我演讲中的每一个动作，我问他是不是在开玩笑，他回答说："不，其实我也只记得一部分。例如你的头发。我觉得任何人都不会忘记你有一头漂亮的浓发，你给了我们足够的时间去欣赏它。首先看到你的发线，然后，每隔 1 分钟左右你会让我们看一眼你可爱的头顶，就差没让我们看你的后脑勺了，或许你还应该在谈话中转一两次身，让我们从每一个角度欣赏一下你的秀发。这次演讲很有效果，我一直在想：给你理发的人是谁？"我听后很吃惊，我并不是想让人们欣赏我的头发，频繁低头看演讲稿使听众们分了神，并且，我询问了其他一些人的看法，他们认为这样的行为显得我没有熟练掌握演讲内容。

演讲时掌握好时间也很重要，有两次演讲我发言的时间明显超过了人们忍耐的极限。第一次演讲的对象是高中一年级新生，在我讲完后，他们一个个看起来都老得可以毕业了。第二次是面向耶鲁俱乐部的部分成员，这些绅士最年轻的也有 75 岁。我刚讲了一半，就注意到不少脑袋耷拉了下来，屋子里充满了平稳的鼾声。就算他们不讲，我也知道他们想要告诉我些什么。

吃一堑，长一智。由于受到这两次经历的教训，我做了自我测验，得出的结论是：紧张是我首先要克服的问题。既然极度紧张，害怕面对大量听众，我觉得需要想出一种与他们打交道的办法。我注意到，在一对一的交谈中我没有丝毫问题。因此我想，如果不再把听众看成是一群姓名不详的"乌合之众"，我或许会觉得舒服些。

于是我把他们具体化，把一群人看作友好的个人，一个曾经邀请我到他的起居室里闲谈的人。我还会设想出这位朋友的精神面貌，在每一个例子中把他的长相特殊化。如果听众坐的地方很暗,我就把他搁在中间;如果我能看清我的听众,我会从他们中挑出一个富有同情心的面孔来,把他想象成朋友的面孔。这样把演讲当成是与老朋友的交谈,演讲就会变得更亲切和轻松了。这种办法使我不再感觉是在对一群黑压压的人群讲话,紧张感也就消失了。

讲话啰唆是我要对付的第二个问题。检查了头两次的演讲稿,我发现它们过于详细了。演讲中罗列过多事实,会使最擅长此道的人也陷入困境。有时我干脆不用演讲稿也不去背演说词。我会拟出一份大纲并记住要阐述的要点,一旦觉得走了题就看看大纲。我就像与某人交谈似的发表我的演说。

如果我要求你 15 分钟后到我办公室里来谈谈你对发展润滑油事业的想法,也许你会带着一份准备好的稿子来见我。但实际上你应该整理一下思路,保证不漏要点,即席表达出来。不要让谈话听起来像是从磁盘里放出来似的干涩无趣,而应该让人觉得像是经过一番考虑后,有声有色地说出来的,这会让人感到你在这一问题上具有权威。进一步来说,如果打破了机械演说的桎梏,就会围绕着主题有话可说而不会因为紧张而忘了词。

如果在演说中做到 99% 的自如,就不用考虑控制时间的问题。除非被限制在很短时间内,那就需要长话短说了;另一方面,如果有充裕的时间,就应该让那儿的组织者知道如果你的发言很简短,他们必须来补充,不要东拉西扯些没用的。如果负责人不许你这样做,你也不用害怕,按计划演说就好了。

我学着使演讲短小精悍而且从不乱用幽默故事，除非这故事能说明问题；我还学着不在演讲中引用太滑稽的典故，因为这样做会中途打断我的演说，让我没法再讲下去。还有一点特别要加以防范，那就是即使你的演讲内容非常灰暗，也要让你的听众觉得并没有失去希望，要以乐观主义者的情绪结束演讲。

我说的这些故事与经验，或许听上去并不那么有用，但我认为这至少会对你的演讲起到一定的积极作用，我希望能够看到你热情高涨的演讲。

爱你的父亲

十四

亲爱的小约翰:

  听你的妻子说,你最近一连四个星期很晚回家。你在分析公司的一项没有得到充分实施的顾客服务项目,策划改善计划的方法,准备调查报告,因此每天工作到很晚。我知道这关系到公司的生存,是极其重要的调查。你的工作热情值得肯定,但不知你是否真正搞清了自己的职责。

  事实上,公司的其他管理者也与你一样越来越忙,常常从早忙到晚,节假日也不休息。然而他们的责任心似乎越来越差,缺乏工作激情,造成整体工作效率低下。你没有察觉到其中的问题吗?你是不是做了许多部下该做的事情?你不是战士,而是元帅,应该学会领导而不是管理,应该给部下发展的空间,让其纵横驰骋。这就是如何进行有效授权的问题,也是摆在众多领导面前的一个难题。

  约翰,不知我多少次被问到这样的问题:"怎么才能同时经营几家公司,还能让自己拥有两个月的休假,开着家用小车去享受大自然的乐趣呢?"我的回答总是同样一句话:"要学会把日常的业务委托给非常能干的管理人员。"

  大概你会说这个回答过于简单。经营者把自己的工作委托给他人，训练部下，使其提高工作能力，这种现象是非常少见的。为什么人们不愿意把工作委托给部下呢？这对我来说是个谜。是不信任他们，还是觉得职工愚蠢，还是害怕别人工作干得比自己好？大概后者是主要原因。"因为他大概比自己还能干"，所以就失去了将工作托付给他人的勇气。

根据这一情况，我不得不下这样的结论：一个不能把工作委托给部下或不想委托给部下的经理，肯定是对自己的能力存有质疑。我们的公司如果有这样的经理，就是失职。有这样的管理者，事业的基础就会受到腐蚀。

领导者应该抓住每个机会给予别人鼓励，对他们加以提拔重用。一个人能给予别人的最珍贵的礼物就是温柔的鼓励，生命中没有比分享快乐更快乐的事。通过对管理者的工作盘点，我们可发现，主管80%的工作都是可以授权给别人的，他只需处理事关公司存亡的20%的工作即可。具体包括：企业战略决策、重要目标下达、人事的奖惩权、发展和培养部属等。其他可以授权的80%的工作主要有：日常事务性工作、具体业务性工作、专业技术性工作、可以代表其身份出席的工作、一般客户接待等等。因此，管理者在授权时，必须对自己的职位职责有一个明确划分，按照责任大小把工作分类排队，自己只做最重要的工作就行了，其他的都可以授权。

需要着重说明的是：无论授权到何种程度，有一种东西你永远不能放下，那就是责任。如果管理者把责任都下放的话，那只能说他是退位而不是授权。主管常犯的错误就是：他以为在授权的同时也把责任和权利一起交给部下了，当部下无法完成任务时，他就会追究部下责任。授权只能意味着责任的加大，不仅对自己，更要对部下的工作绩效负全部责任。

其实，这些管理理论你都懂，你不愿意让秘书帮你写工作报告，你觉得这很耽误时间，所以你决定自己写。这也是我想和你说的问题，写重要报告的时候，为了慎重起见，要确认五个阶段的程序。首先，目的的设定——这份报告要弄清楚的是哪一点；其次，为了得出与目的吻合的结论需要什么样的情报，该怎样调查和选择？接着，收集必要的情报；再次，为了能正确分析，应系统地整理已有的资料；最后，对得出结论的最后分析。

高明的职权委任的第一原则，是对部下的能力、野心和欲望进行细致的评价。如果你给他机会，他所取得的优秀成绩会让你大吃一惊。并且在接受新任务的那一天，他一定会信心十足。工作上最令人高兴的不是提薪，而是能力得到重视。当你知道得到任务的部下干得很出色时，你也会分外喜悦的。

如果把重要的工作交给部下，你就应该给予指点。为了使坚强的有能力的管理人员和忠实可靠的部下合为一体，必须对其分享你的经验。在实业界获得巨大成功的人，常常是极其优秀的教师。优秀的教师，就要支持和鼓励他们，耐心地引导学生的潜在能力。

决定人选，完成训练计划之后，就把一部分工作交给他们去做吧。能否成功，关键在于新分配的任务的管理系统能否合理。如果你希望能够了解工作的进展程度，就要与下属建立有效的联系方式。最重要的是你要有信心，相信他们能完成新的任务,在为你完成任务,而你的新任务就是支持他们,使他们能够克服困难。

约翰,你的工作只是为最优秀的人才提供最合适的机遇而已。交流思想、分配资源,然后放手让他们去干——这就是你工作的实质。"管理越少"就是"管理越好"。或者反过来说也一样:"管理越好"就是"管理越少"。这是一种境界,是一种依托企业谋略、企业文化而建立的至高的经营平台。

要"管得少",又要"管得住",就必须进行合理的委任与授权。事必躬亲导致的结果,一是效率低下,二是使员工失去了工作的积极性。因此必须使公司成员有充分发挥能力的平台,在必要的指导和监督下,你要信任他们,赋予部下相应的权利,鼓励他们独立完成工作。

建立公司或某个部门,就像建金字塔一样。你是顶部的石块,你的下面能够有多少层坚实基石,就看你选择、训练、依赖、监督或者晋升部下的能力了。许多经理都不理解这一点,生怕提拔部下后自己的地位受到威胁,这是最令人遗憾的。你的情况怎样我不知道,但是我对自己的金字塔的基石是很有把握的,晚上可以安心地睡觉。

大约在公元前 2600 年,埃及的斯内夫鲁王真正建起了第一座金字塔。然而建造更完美的金字塔——吉萨金字塔的是他的继承者胡夫。希望你继续建设属于你的金字塔,并像胡夫王那样,把它建成一个理想的金字塔。

爱你的父亲

十五

亲爱的小约翰：

你对我的突然来访似乎很吃惊，这可以说是我的突发奇想，于是我穿上多年未穿的工作服，来到许久未去的公司，或许这只是我无意识的行为，结果却令我不甚满意。

我刚走进大厦时，得到了许多老员工的问候，这让我感到很亲切，我又习惯性地来到了你的办公室，由于没有得到事先通知，你显得很惊讶。

你问了我对公司的感觉，我想，你的成绩还是比较让我满意的，至少工作井井有条，与我在这里时没什么两样。然而当我询问维奇的情况时，你告诉我维奇辞职了，这让我很诧异，要知道把一个职员培养到能够上岗工作，得花费多少资金啊！你怎么能轻易地让他辞职呢？职务不同费用也各有多寡。因此，为了最大限度地提高经营效率，必须将离职率保持在最低水平。若是不断辞退刚刚训练完毕的职员，那么单是训练职员这一项就会占去公司的大部分利益。因而为部下创造一个良好的气氛，也是必要条件之一。

根据你所说的情况，可以看出你是他辞职的主要原因，由于你的每一个方案都会遭到他的反对，你无法忍受这样的部下，于是你们发生了争吵，两天后维奇便递交了辞职信。这使我很自然地想起了这句话：人生的信条不仅仅是"互相原谅"，还应该是"互相理解"；小小的善意超过对所有人的热爱，不原谅别人就等于断送了自己的路。

维奇已经在我们公司干了13年，他忠于职守，勤劳能干，这谁都不会怀疑。当然他有时也会有稍微出格的行为，但相比他的优点这并不算什么，我通常也不会理会。而你居然评价他是"一条暗藏的毒蛇，准备随时随地乘人不备时咬上一口"，这让我不敢苟同。

在我管理销售部门时，他的性格方面就有点古怪，但却是一个十分称职的职员。难道就是因为他的怪脾气，导致你们反目为仇？我也曾担心他的脾气会影响工作，于是，我对他的脾气进行了认真的调查，并因此对周围产生了一些看法，发现了一个饶有趣味的现象。

宇宙虽然广漠，却不存在两个人想法完全相同的现象。我们不仅外表不同，想法也各异，这件事说明了造物主的造物技巧是何等卓越。然而，我们却总是无视这种差异。

千万要记住，不管是否喜欢他的个性，不管他的性格是乖戾、孤僻还是顺从、柔和，要把注意力集中到他的工作业绩和工作态度上。一个职员一天一次、两次还是一千次擤鼻涕都不成问题，只要不给他人造成麻烦、令人不快。古怪的脾气不应该成为辞退他的理由。

我们每个人身上都存在不少各式各样的古怪癖好。即使如此，我们每天还是要肩并肩、协调工作，组建庞大的产业集团。当我们觉得他人的性格古怪时，一般只是看法或想法不同罢了，只是由于他们的人生观、生活观与自己不一样罢了。

因此，切忌用自己的标尺衡量员工，我们只要不去接触职工的内在癖好，不把它们当回事，就能够组建成功的经营集团。如果领导者不这样做，集团就无法成立。要知道完美无缺的职员是不存在的，人都有瑕疵。

如果好好研究一下维奇先生辞职的理由，将会对你以后的用人方法大有益处。据你所说，他那出格的脾气似乎怎么都不能让你称心如意。要知道我们是一个企业，个性是比智力更崇高的。日本的一个企业家说过这样一句话："一个没有任何个性的人，只能做出一般的产品。只有在工作中发挥个性，才能有新的点子，找出新的方向。"维奇在我们公司工作了13年，这期间没有一位职员向我反映过对他的不满，这一事实应该敦促你不断反省。

不过确实也有那么一些人，他们总是与人搞对立，处处贻误公司的工作，责备他们时，他们又变成了刺猬，一脚踩上去，只会让人们痛苦不堪。但维奇不是这样的人，你还没有真正了解一个企业家的用人心态，这种心态归结起来有以下4点。

首先，企业家只有确立"公司里没有不称职的人"的人才观，才能做到人尽其才。每一个人都是构成公司的重要的砖瓦，只是位置不同罢了。只有在思想、情感上把员工看作人才，才能在行动中正确地运用他们。

其次，企业家在选拔、使用人才时，只有树立公正、民主的心态，才能凝聚人才。员工是宝贵的资源，不应将他们跟青砖红瓦、泥灰等建筑材料相同对待，也不可把他们当作机械一样对待。

再次，企业家在用人上只有具备"看人长处、容忍短处"的宽宏心态，才能调动人的全部积极性。人格上虽然一律平等，但特质方面却各不相同，这是宇宙的真理。

最后，企业家还要有勇于任用仇人的心态。身为领导者，必须不受细节或感情的束缚，凡事包容。如此，才能招揽到各种人才，如果能将人才放到合适的位置上，那么功效就更大了。企业家在用人上还要有感恩的心态，才能选出能够把才能完全贡献给公司的人才。

优秀的企业领导，能够把每个下属所擅长的方面有机地组织起来，从而给企业的发展带来整体效应。换句话说，高明的领导者会趋利避害，用人之长，避人之短。如此一来，则人人可用，企业兴旺，无往而不利！

一个人总是优缺点并存的，用人就要用其长而避其短处。对待偏才，更应当舍弃他的不足之处。

我不想干预你的事业，单是对于这些企业家的哲学，约翰，你还是欠缺得太多啊！

爱你的父亲

十六

亲爱的小约翰：

约翰，谢谢你来圣玛丽医院探望我，不过你看起来心事重重；也谢谢你对我的信任，把当前遇到的一些麻烦全部告诉了我。这是每个领导者都会遇到的难题。你的得力干将古里特递交了辞职报告，你不明白为何会失去像他这么可贵的管理人员。况且两个月前布卢斯刚走，这就更加令你担忧。你觉得很有必要调查清楚他们离去的原因。

不必为此着急，根据我的经验，员工离职主要有以下几种情况：有的人是为了改变生活环境而换工作；有的人是性格不稳，不能一直待在一个地方；还有很多人是为了追求理想的工作岗位而成了"为观念所强迫的人"。这些人不管去哪个公司都是来了就走的"候鸟"，对于公司来说，他们是时间和金钱的极大浪费者。

约翰，与员工相处需要高超的技巧，若想做好管理者，需要处理好许多微妙的关系。你作为公司的首脑必须掌握职员跳槽的原因。在此基础上，尽可能消除公司里跳槽的动机，这样才能挽留住踏实可信的部下和营造良好的工作环境。你要积极支持职员的成长，完善他们的工作环境，提高他们的薪酬待遇。如果他们知道你为他们所做的努力，他们就会在打算跳槽时有所犹豫。

依我看，在工作中没有充实感，对报酬、上司等产生不满，这些常常成为员工跳槽的主要原因。如果干了一天的工作，却没有充实感，他们就会对第二天的工作失去兴趣和热情。优秀的管理人员要学会观察，更要勤于观察，以免部下之间扩散不安定心态、厌倦感和不满情绪。最近接连出现的辞职现象，原因很可能在于你的管理不力，没有做到切实关心员工利益。

许多身居高位者常常忽视与下属沟通思想。你应该每隔几个月就征求一下部下的意见，问问他们对你平时的工作是否有不满意的地方，让他们具体谈谈在哪些方面有待改进。许多优秀人才还没等说出自己的意见便走了。

早年我给别人打工时，部门的一位老职员对我说，他的工作过于紧张，似乎干不下去了，并递交了辞职报告。他认为与其被解雇，不如自己辞职更好一些。幸亏我及时了解情况，知道他完全是误解了自己的工作。他感到担负的责任过于重大。我详细讲述了对他工作的具体要求，让他放松地投入工作，不要有太大压力。谈话结束后，原本愁容满面的他，已是信心满怀了，我作为上司也放下了心。因为我的及时挽留，使得他现在成为那家公司最优秀的职员之一。

大多数年轻人，尤其是销售部门的人，都有一种向着目标迈进的顽强个性，如果看不到晋升的希望，他们马上就会有换工作的想法。因此，你要定期观察这些人的需求，及早发现并解决他们的要求，或许你一句鼓励的话或小小的支持就能够消除他们的不满。

有一部分年轻人得知同事、朋友升职就晕头转向。他们也许会认为自己没有出色的表现，一定是因为工作不适合自己，公司不适合自己。如果事实并不是他们所想的那种情况，你必须设法告诉他们：技术知识、热情、努力以及诚心一定会得到回报的，但是自己在平时一定要打好基础，在机遇到来之时就不会与之失之交臂，只有这样，一切才能按照他们所预想或希望的那样得到回报。

如何防范人才流失，并将人员流动率控制在最低范围内，是管理者的重要目标。你想挽留重要员工，单单依靠工资、奖金是不够的。你要留住的是他们的心。那么，怎样才能做到呢？

首先，你要以公平的利益吸引他们。公司的薪酬水平决定了公司留住员工的能力。薪酬的影响，不仅取决于由行业平均工资、公司经营状况和员工业绩决定的报酬的绝对数量，也取决于报酬的相对数量和员工的公平满意度。因此，公司应以业绩论英雄，按贡献定报酬，以竞争促效益。

其次，你要给员工搭建一个展示自己的舞台。无论才能高低，员工们没有不希望施展才华的，你应该从内心深处尊重、爱惜人才，创造一个人尽其才的环境。英国卡德伯里爵士认为："真正的领导者会鼓励下属发挥他们的才能，并且不断进步。失败的管理者不给下属以决策的权力，奴役别人，不让别人有出头的机会。这个差别很简单：好的领导者让人成长，坏的领导者阻碍他们的成长；好的领导者服务于他们的下属，坏的领导者则奴役他们的下属。"管理者应该学会以积极的态度看待失败，允许员工犯错。

最后，你还要给普通员工成长的机会。优秀的领导者对每个员工都照顾得当。把普通员工当作优秀员工对待，重视每个员工的成长与发展，那么普通员工也能创造出与优秀员工同样的业绩。员工的成长也就是公司的成长。

许多公司之所以能够吸引人才争相加入，是因为它们有完善的员工培养计划，有助于员工提高自身素质和就业能力。如果管理者给予员工表现的机会，使他们脱颖而出，并随公司一同成长，那么离职现象就不再是困扰公司的难题了。

莎士比亚曾写道："我们知道自己是什么，但不知道自己今后会成为什么。"你很有必要了解队伍里的每个成员，和他们谈心，详细了解他们的计划。作为公司的管理层，虽然不可能指望全体优秀部下一辈子支持你，但是如果能够常常关心他们的利益、雄心和幸福的话，我想应该是可以把大多数人留在你身边的。希望你能领会这一点。

有些人以为，换个环境或工作，他们就会快乐，可这个想法是令人怀疑的。事实上，你对别人做的最好的事就是与他分享你的财富。

爱你的父亲

十七

亲爱的小约翰：

　　约翰，首先我要恭喜你被同行推荐为商会会长。你真算得上是年轻有为的典范。可你却认为自己太年轻，害怕担此重任。

　　你怎么会有这种想法呢？这应当是一件值得庆贺的事情啊！仅仅 32 岁的你，就受到广大会员的拥戴，你应该感到荣幸之至。我像你这么年轻的时候，恐怕还是个没人注意的毛头小伙子呢。你真不应该这样自卑，更不应在重任面前胆怯退避。历史表明，要想成为显赫一时的领导者，必须经历无数次的艰难险阻，要具备从不气馁的精神。

　　同行既然推选你为会长，肯定是认为你具备做会长的条件，否则便不会去推选你，所以自卑是完全没有必要的，要知道年龄不是担当重任的最大障碍。农场里的孩子在证明他能做大人的工作时，他就成了大人，这跟他过了几次生日没有关系，这对任何人都是适用的，当这个人证明了他可以干好会长的工作，自然会变得老练。

　　因此，即使前任要年长数倍，也不意味着年轻的接任者不能成为才华出众的领导人，其实许多前任只是同行出于好意推选出来的，在他们的任期中，本行业因这个人陷入不利之境的事情，也屡见不鲜，因此后继者不必为岁数担心，应该充分拥有自信，学会去用感人的领导艺术驾驭商会。根据我多年的经验，我认为一个优秀的领导者首先应该学会感人。感人就是以自己的气质、思想、形象和行为来感染、感动、感召他人；感人是一种影响力，通过这种影响力来改变对方的思想和行为，使他人为完成共同的目标做出努力。

感人是一种既高尚又微妙的领导艺术，是一个团体在事业上赖以继续、发展，乃至兴旺发达的心理纽带和精神动力。你所应做的就是充分拥有自信，学会运用感人的领导艺术统御商会。具体到做法中，应当遵循以下三个原则。

首先，领导者要以不同凡响的气度和外表形象感人。领导者要善于塑造形象，这包括本人的气质和外表的美感。比如从衣着打扮到言谈举止，都要给人以良好的直观感受。你应当显示出在社交活动中特有的热情而不失礼节；幽默而不失潇洒；敏捷而不失坦率；果断而不失谨慎；自信而不失谦虚。具有了这些，就能进一步赢得他人对你的好感，才有益于组织的经营和发展。

其次，领导者要以高尚的人格感召他人。人格是指领导者的思想品格和道德情操，是一种更深层次的心灵写照。领导者要有忠厚诚恳、坦率仁爱之心，他要爱人、尊重人、信任人，才能感动他人。假使领导者缺乏高尚的人格，那么组织的内部就难以形成向心力，最后只会成为一盘散沙。因此，人格感召对凝聚人才十分有利，这是组织成功的重要前提。

再次，领导者要以实干精神和以身作则感人。领导者不应该官僚化，应该是实干家，他首先是一名实际工作的推动者，而不是一名只会去发号施令、以领导别人为乐趣的官僚。实干、身先士卒能加深与别人的感情，这就是榜样的感召力，这种力量是必需的。人们常说有些人天生就具备领导的天分，的确如此，但如果决心接受这一职位的话，切不可忘记，通过学习而成为成功领导人的也不在少数。正如人们通过求学成为会计师、医生、律师或者印第安酋长一样。

当然，以上所说的理论只是一种总结，好在你已经做过几年经理。你不必考虑过多。就我而言，各个领域都是相通的，你的领导能力不应受到局限。如果你想从人际交往中得到真实的情感体验，就应当在领导商会的过程中，使自己的聪慧、自信、领导能力，以及善待员工的良好特质形成一种吸引人的光芒。处理好人际关系，这光芒便会使你周围的人产生一种向心力。

你在经办大事时需要亲力亲为吗？有些事需要你尽量如此，做好决断，不应把属于自己的职务交给特别委员会的委员长。在充分理解难题的基础上，任何意见与决定都必须盖上你的裁决大印。这样一来，也就无须与他人的意见相左。

领导者要以善于承担风险的经营风格感人。这是领导者有力量、有胆识的表现，同时，这种风格也是感染部下和员工的领导艺术。一个优秀的领头人当以身作则，树立榜样，带领大家前进，只有这样才能使整个集体运作起来，你才会被人视为领导。即使你只让掌舵手休息5分钟，其他人就会纷纷效仿，而在你没有觉察之前，问题就开始堆积如山，并且走向无望之海、崩溃、坠落。因此，一定要从自身开始，然后要求全体有关人员，拿出聪明才智，做出最大限度的努力。

约翰，不必担心你的年轻，年轻绝不是负担，除非年轻人自己这么认为。许多人觉得他们被年轻拖累了。的确，如果有人怕自己的职位受到威胁，他可能会用"年龄"或其他理由来阻挡你的升级。

但那些实力派的人物决不会这样做。他们会把他们认为你能承担的责任，尽量放手交给你。这时你就要积极发挥才能，证实"年轻"是一项有利的筹码。

出色的领导能力，始于跟他人进行思想上的沟通。必须保持或者说缔结亲密的关系，人们才会关心领导者付出的努力。而这个领导者有必要择优选出那些能给你添加新颖想法的人员，他们甚至能够思考出付诸实施的方法。

而以上所说的核心，正是那看不见的东西，但我们却又不得不去面对。如果能处理好人际关系，就会使周围的人形成向心力，而力量的中心便是领导者的决策能力。

领导者必须勇猛果敢地站在同辈的前列，这才是领导人的风范。制订计划的时候，一定要考虑队伍中谁最适合担任责任人，不可草率认为这件事可以分配给托尔，那桩事可以由彼得去办，那种事可以叫乔治做。如果没有大家的齐心合力、众志成城，任何人都无法开创伟业。

约翰，相信自己，你一定会成为一位伟大的商业领袖。

爱你的父亲

十八

亲爱的小约翰：

结束劳累的商业旅行回到家里，感觉很舒服。我喜欢游览世界，但是没有任何地方比"家，甜蜜的家"更能吸引我。我总是回到家里稍作休息后就开始给你写信，以了解在我离开的这段时间里公司的情况，当接到你收购赛姆斯石油公司的提案时，我意识到重大的事件发生了。这是你第一次向我提出这么冒险的建议，我很想知道你究竟是怎么打算的。

无疑，收购一家公司是振奋人心的喜事。但是在历经艰辛后，我懂得要万分认真地对待每一次获取，就像人在经过雷区时要小心翼翼，否则你就会遭受到大创伤。人应该用全部热情去追求他所需要的东西，但拥有太多是不可能的。只有一块表的人知道时间是多少，而拥有两块表的人却永远不能确定。

你所给出的收购理由似乎都围绕着这件事：这将使我们成为石油业最大的公司之一。这当然是一个很好的目标，也是我始终追求的。但是，确定目标是一回事儿，铺设正确的、能够引领我们到达这一目标的道路则是另一回事儿。

我注意到你在计划中仅仅把投入大量资金作为实现目的

的唯一手段，这似乎缺乏对相关成本的估计，只是很有限地考虑了要收购的公司同我们业务的匹配程度，并没有考虑到它需要什么样的管理，也没有考察其产品的市场竞争力，而且根本就没有回答这个问题：那家公司的所有者想要把它卖给什么样的人？这让我怀疑你的资金才是他们最大的动机。你是否对于逐年稳步增长、有计划地把我们的公司发展成为市场上最强大的公司的计划失去了耐心，而想在一夜之间扩大规模？

你还没有完成我刚才提到的问题，所以我们的银行经理和我一样，无法对你的计划书做进一步的研究。他不能同意你所提交的计划，因为那将花费大量资金。被银行经理拒绝通常会使我们很恼火，他们总像权威的上帝一样对我们的计划书发表评论。不止一次，当我被银行经理拒绝后，总会感觉自己很愚蠢。但是，当我冷静下来，认识到被拒的原因是因为自己没有正确评估问题，或是忽视了对一些重要因素的分析，我这才真正感受到了自己的愚蠢。这也使我进入了下一个阶段：尊重并重视银行经理的经验和建议。

我想你现在肯定也像我年轻的时候一样，一想到银行经理拒绝了你的想法，就会很苦恼。所以，当我听说你随后就带着自己的计划书，找到了另一个银行经理后，我一点也不奇怪。银行间的相互竞争能给予我们支持，这种发现是正确的，但是为盲目的恼怒、假想的侮辱和受到打击的自负寻找理由则是不正确的。如果你在这种情况下意气用事，我们就会得到2个最不满意的结果：一次失败的收购；同我有10年资金交易的银行经理从此疏远了我们。所以，我们还是应该冷静一下，退一步来重新审视这个计划。

不可否认，你购买这家公司的计划具有可取之处，但是任何评估都应该建立在冷静的逻辑分析上；要仔细、实际地评估前面提到的那些不同方面，以及那家公司同我们目前的运作是否相匹配。

你很清楚，扩大经营的风险。有很多不幸的人，他们本来建立了很好的企业，却最终失去了它，其原因就是他们在这一过程中让情绪受到自负和贪婪的指引，甚至超越了理性的思考。他们通常由于感情用事而解雇优秀员工，同供应商发生争执，不恰当地提升员工，在新领域中投资失败，放弃难以应付的客户，这些都是由情绪导致的商业失误。如果我为每一个由90%的情绪因素加上10%冷静的商业行为打赌，我将是城里最富有的人。

有时候，将情绪排除于商业决策之外是一件很困难的事，但是我们必须有意识地抵制住这种情绪，特别是在决策的时候，要快速行动但不要采取危险的解决方式。先问问自己："这有商业价值吗？我这么做是不是为了情感上的满足？"当你不再需要问自己这些问题的时候，你就成了一个理性的管理者。

通过经验的积累，你会知道许多不断发生的重大事件，它们会使你的情绪在进行决策的时候忽高忽低。把情绪波动控制在一定的范围内，将会显著增加成功的机会。

我建议你现在就到办公桌前，以实事求是的态度深入分析你的收购计划,然后你可能会想再次拜访我们的银行经理。这些努力是否会使我们最终以合理的价格购买这家公司?我想你得小心你的情绪会随着这么愉快的事情冲动起来。

爱你的父亲

十九

亲爱的小约翰：

你最近因与股东意见不合而苦恼，这种情况我也经常遇到。不同的人就有不同的意见，这是考验领导能力的时候，你可千万不能退缩。一个人如果和同伴步调不一致，也许是因为他听到了不一样的鼓点，就让他跟着自己的音乐走吧，不管这音乐有什么样的韵律，或是多么的遥远。

的确，由于公司结构的错综复杂，合伙人之间是否团结协作就显得尤为重要。我当时对标准石油公司的所有权也没有超过1/3，因此我也很需要与别人合作。在创建了如此庞大的石油帝国后，我一直不断提醒自己，必须与企业融为一体，所以我不喜欢说"我"，除非是开玩笑，在谈到标准石油公司时我更喜欢用"我们"。不要说我应该做这做那，要说我们应该做什么。千万别忘了我们是合作伙伴，无论做什么事都是为了共同利益。

要想维系公司的团结统一，首先要学会管理不同的助手，调动他们的积极性，而这一点，我认为自己做得还不错。截至目前我所取得的成功，很大原因在于我信赖别人并能使别人也信赖我。比如拿破仑，如果没有手下那些优秀将帅，他是不可能获得辉煌胜利的。

企业管理也是一样。我做事绝对不会独断专横，总是尽量把职权交给手下，自己只是在适当的时候以平和的态度小小过问一下，而不会让下属感到他们的工作受到干涉。与强制性的决策相比，我更愿意以潜移默化的方式来把意志传达给公司上下，尤其在开会时，我常常感受到我有这样一种作用：我越不说话越有威信。我也就经常运用这种逆反作用，也借此不必受一些琐碎小事的干扰。

其次，我极其重视公司内部的和谐，常常在争执不下的部门首脑之间进行调解。我总是不多说话，尽量听完大家的意见，才会表达自己的看法，并经常做出折中的方案以维护团结。我总是谨慎地将自己的决定以建议或提问的方式表达出来——从早年起即是如此。我每天都同你的威廉叔叔以及哈克尼斯、弗拉格勒和佩思等人边吃午饭边讨论问题。尽管公司不断扩大，我仍然会在争取了大家的统一意见后才行事，绝不在董事会成员反对的情况下采取重大行动。

也正是由于征得了所有人的同意，所以标准石油公司很少有重大失误。我们在行动之前一定要确保正确无误，并事先安排好对付各种情况的应急准备。

当然，难免也会有意见不一致的时候，虽然我和查尔斯·普拉特、亨利·罗杰斯或者其他什么人不时会有争执发生，但是我可以骄傲地说公司绝没有气急败坏的纷争和上下级之间的嫉妒，而这两者通常都是由巨大的权力引起的。我一直强调，董事们——那些由公司纽带绑在一起的昔日的对手——是出于一种近乎神秘的信仰走到一起来的。

在我看来，董事们对彼此的信任说明了他们团结一心，同时证明他们道德高尚——心术不正的家伙不可能像标准石油的人那样团结得如此长久。领导权的连续性使那些爱四处窥探的记者和政府调查人员无功而返，他们是不可能从控制着这个石油帝国的志同道合者的坚固阵营中找到突破口的。

当然，重视团结并不意味着排斥反对意见。事实上，我更喜欢那些直言不讳，敢于指出问题的同事，讨厌那些浮华虚伪、只会拍马屁的软骨头。只要人们提的意见不是出于个人利益，即便逆耳，我也乐于接受。如果没有这种胸襟和气魄，我们也不可能取得今日的成绩。

尽管面临诸多法律障碍，我们仍然可以将众多公司融合到一起。通过我们的努力，一个原本笨拙无比的机构变成了有效工具。标准石油公司在工业规划和大规模生产方面处于领先地位。近几年来，我们这个托拉斯组织在提高煤油品质、开发副产品、削减包装和运输成本以及全球分销石油制品方面取得了令人瞩目的成绩。

因此，谁也不能否认我们在企业管理和体制建立上取得的非凡成绩。我对此深感自豪，这其中毕竟有我不可忽视甚至可以说功不可没的付出和辛苦。当然，我不会刻意流露这些，但人们也很清楚我在公司的影响力。当我的同事们忙于购买豪华住宅和欧洲艺术品的时候，我却不以为然，我要把钱用到更有意义的地方。只要有董事肯卖股票，我都乐于购买，开玩笑说一句，有时候我简直成了他们的垃圾桶了。这使得我持有的股份数目多到无人可比，自然也为我在发表意见时增加了力度。

虽然持股数目巨大，但我绝不会得意忘形，我想更重要的还是我的个人魅力对同事及下属产生的巨大作用。我平常待人从不过分亲热，也不粗暴鲁莽，更不会轻浮无礼，我磨炼自己拥有政治家般的镇静。在级别较低的员工面前我也注意举止得体、态度平易近人，听他们发牢骚也不发怒。每个员工每年都有一次面见执行委员会的机会，为自己争取加薪。在这种场合，我总是尽量做得令人愉快。如果罗杰斯生硬地说他已经听够了，拒绝给他们加薪时，我会劝他："噢，给他一次机会吧。"

最后，我想，我还是一个坚持到底、绝不半途而废的人，我常常会试着解决那些远远超出自身能力的问题。面对问题，我会深思熟虑，一旦想好就会采取行动，坚决执行。谁也不能阻拦我把坚定的信念作为目标，像箭一样射出去。因为我相信，上帝助我，我一定会达到目标！

孩子，我相信你一定会比我做得好。一个人的力量是有限的，但你可以做个领导者带领一批人共同致富。努力吧，你肯定会成为卓越的商界领袖。

爱你的父亲

二十

亲爱的小约翰：

上次你来我这里吃晚饭时，向我提出卖掉德克萨斯炼油厂的想法，原因是不能让一家小小的、没有效率的企业拖公司后腿，我当时并没有表态，因为我不想打击你的魄力，如果你仔细想想，就会发现这种做法确有不妥之处。

在我看来，正在亏损的企业是很难卖掉的，而且渡过这次难关以后，德克萨斯炼油厂极有希望在极短的时间内重新获利。何况管理多样企业是很好的保险，即使出现了经营不善，其他企业也可以施以援手，但如果只有一家企业，那么就前途未卜了。而德克萨斯炼油厂由于设备特殊，具有垄断地位。说句不好听的话，即使收益下降了，公司不动产的资产价值也是很大的。

约翰，以下是我在做出重大决定时的思路——你永远不会后悔听到这些：三思而后行；先听后判断；诚实经商；思先于言；捍卫自己的信条；净化自己的思想。我的经营哲学的基石一直是"不要把所有的鸡蛋放在一个篮子里"。

当有投资其他相关产业的机会时，我会马上思考两点：其一，为尝试新产业准备的资金是否充足？其二，我们可否确保拥有为实行这一经营所需的必要的、能干的、富有经验的人才？后者是遵照这一原则的，即公司应是以人为中心而建立的，而不是以公司为中心将人召集在一起。如果这两个问题出现了肯定的答案的话，接下来我就会考虑销售、流通、竞争以及其他常识性问题。所以我总喜欢把资金化整为零，向各方面进行投资。在拥有公司的同时，向不同的方面投资，使之不受同一个风险要素的影响和支配。

记得我在事业发展初期曾为每周破产的公司数目所震惊，从而告诫自己要开展综合经营。事业持续发展得越长久，多种经营的进程就推进得越快。我自以为比谁都忠实于这一铁律，因为现在我拥有的不是一家公司，而是多家不同的公司。也许有人会这样认为：如果我只停留在最初的公司上，只为促使它的成长而努力，从整体上而言，将比我们现今的事业发展得更为波澜壮阔。可是我从不这样认为。我喜欢综合经营多家公司所带来的安全性。即使一家公司失败，靠其他的公司也足可保证家族生活，也就是这么一种放心感。

我受综合经营的吸引，理由有二。首先，由于我过去一贫如洗，为了不再重蹈覆辙，自然产生了一种保守思想，有备于最初事业的失败，而拥有第二种事业，就成为一种合理的想法。其次，仅仅经营一个公司，一天只用得上两三个小时，不仅不到我所期望的10个小时，连8个小时都达不到。由于我的工作大部分都是重复进行的，所以我开始聘用很多能干的人才，投入其他的事业。

由于新产业与已有产业具有共性，所以我并不觉得是在进行赌博。这与横向的扩展、纵向的扩展均没有关系,其基本原理就是:"新的鞋子都有试穿一下的必要。"

在较为熟悉的领域中投资,是获得经济保证的基本原则。但必须注意绝不可在一个较狭窄的领域里投下全部财产。世界经济在不断变化,即使是最有希望的赌博有时也会以惨败告终。本世纪70年代,任何人都想拥有沙特阿拉伯油田的权利,原油眼看要升上一桶75美元,然而在那之后的今天,原油价格即使不算上通货膨胀,一桶也只有15美元。

常见的错误是看到别人的成功,就以为自己也会成功。一心以为自己与其他人一样聪明,常常会酿成经济上的惨败。飞奔扑入一个新的领域,被等待已久的大鳄们吞噬一空的例子实在是太多了。

因此我认为从其他几个公司调拨一笔款项出来,就会让德克萨斯炼油厂拥有重生的机会。胜利女神总是在各家公司之间徘徊,因此如果有很多家公司,其中或许会有几家获得不小的成功,但并不是全部都获得成功。迄今为止,我们的事业也是这样发展的,感谢上帝,这一胜利除了弥补其他公司所受的微小损失,还使我们获利匪浅。

不过,拥有多家公司的人,比较容易陷入所谓"过分自信"之中,因为每个人都希望自己是商界天才,从事任何产业都能成功。但我敢断言,某种经营理念在某一项事业上取得成功,并不等于其他事业都会成功。而潜力储备这个概念是必须掌握的。所谓"潜力储备"是指企业着眼于可持续发展与环境适应,而有计划进行的企业实力的沉淀。"潜力储备"是一种战略性的经营决策观念,具有鲜明的时空变化特点,是经营观念更新的产物。

世人对企业"挖掘潜力"谈得很多,而挖掘潜力的前提条件是企业"有潜力"。因此,"潜力储备"更带有实质性。

首先,提出"潜力储备",正是对人们喊了好多年的"挖掘潜力"内涵的认识的演化和拓展。实际上,挖掘潜力的积极结果已经促进了企业的高效率运转,而明确提出"潜力储备"的概念,其重要作用就在于使企业长远地有潜力可挖,从而保证企业持续稳定地高效率运转。

其次,储备潜力能保证企业的活力与深度。这点很容易理解,一个企业储备了足够的潜力,承受外界环境变化和市场竞争的风险的能力就增强了。同时,企业储备了足够的潜力,可以从容地、按部就班地搞技术更新,搞产品开发。可见,积极地储备潜力,也是企业扩大内涵再生产的必要条件。

再次,储备潜力符合管理学的"弹性原则"。弹性原则是管理学中一条重要的原则,说的是应对外界变化要留有余地。人们都知道,企业的竞争因素繁多,有确定性的,也有随机性的;有可控的,也有不可控的。这就要求企业随时要有防范的准备和应变的能力,而潜力储备本身就是一种防范和应变,它可以使企业"以丰补歉",可以帮助企业渡过难关。"弹性原则"实质上是要企业有足够的实力,而在一定意义上说,企业实力等价于企业潜力的综合储备。

最后,企业经营者要摆脱传统消极的守业观念,主动到市场捕捉企业现在和将来发展的机会。为了更好地寻找和利用机会，企业必须及早准备物质、技术、资金和人事、社会等各方面的条件，即做好潜力储备。所以，储备潜力是现代企业经营者创新观念的必然产物。可见，潜力储备的观念，不是立足于内、眼睛向内而得过且过的被动思想，它是立足于内而着眼于外，立足于目前而着眼于长远的开拓创新观念，因此是应当重视和提倡的。

在多元经营的过程中，我一直抱持尽量缩减经费，随时退出的心理准备。我对事业上的挫折总是抱有深切的厌恶感。也许你会说我胆小怕事，但是公司一旦出现损失，在初期就要马上削减所有经费。工作是很单纯的，即从损益统计表的最大的项目开始，尽一切可能，削减所有经费，或者给予取消。通常这会使经营规模缩小，但是历经再一次的组编，其累赘部分会减少，竞争力会增强，便可东山再起。当这一点都毫无指望时，要么将它卖出，要么将其关闭。

在谋划多种经营时，我还谨守另一重要的原则：不是去购买公司，而是购进了解公司的经营方法、才能杰出的人才。

因此在卖出公司的问题上，我可以说是不支持你的。你是否再认真考虑一下？

爱你的父亲

二十一

亲爱的小约翰：

作为你的父亲和雇主，我一直不想干涉你的生活，但对于你最近的重大决定，我还是要说说自己的看法。

总裁已经宣布将在 6 个月内退休，我不太理解你为什么要拒绝被提名为他的候选人之一。为了取得今天的职位，你付出了艰苦努力，你的家人也为此承受了很大压力，你们出色地克服了这些困难。目前，你的生活进展顺利，管理才能受到大家的高度赞扬，可为什么在要到达顶峰的时候选择放弃呢？

从你对此事简短的谈论中，我感觉到你的顾虑主要有 3 个方面：那份工作可能会占用大量的时间；可能带来很多麻烦；你觉得自己不能胜任。我怀疑这其中可能还有一些潜在的恐惧因素。

毫无疑问，就任公司总裁将是一个巨大的挑战，但是你已经具备了接受挑战的能力，你不应该对此忧虑。这一职务会使你在更广泛的层次上发挥你的能力，要进行人事任命，负责组织性的工作，进行收益和损失的评估。这些任务当中有哪些是你没做过的呢？答案肯定是没有。我经常提醒你要记得梭罗的名言:"没有什么事比恐惧本身更可怕。"现在让我们集中讨论一下你提出撤退的 3 条主要理由。

它会占用太多的时间。这条理由在我这里是站不住脚的。以我从商 35 年的经验来看,最好的总裁都是管理时间的专家。他们仔细计算每一天、每一个星期、每一个月、每一年的时间,计划怎样才能利用它们以最大限度发挥自己的天赋,满足需求和实现目标。他们精通如何分配时间,他们会同家人朋友共享快乐时光,还会去旅游,参加慈善活动、体育锻炼、娱乐活动或者只是静静地思考。

这些优秀的企业家会从每周中抽出 4 天全力投入工作,同员工、管理层、客户、银行、研究者、政府官员等进行密切接触,然后在第 5 天对一周的工作进行回顾总结,并有条不紊地计划下一周或者下一个月的工作。那是用于思考的一天,对一个总裁来说,思考能带来最大的回报。

如果总裁要花费大量时间处理日常事务,特别是那些重复、耗时的工作,那么很有可能这些事情应该交给其他人去做。你已经掌握了高效管理时间的技巧,能够在妻子、3 个孩子、家庭、朋友和你的事业之间合理地分配时间。既然你现在可以解决好这个问题,我们就可以摒弃这条时间的借口,特别是你最小的孩子都要上高中了。

你的第二点顾虑是这个工作可能会带来很多麻烦。如果总裁的工作有很多麻烦,那多半是由于他没有组织好自己的工作。麻烦是人造成的,解决麻烦的办法也是人想出来的。你选择的人越称职,面对的麻烦就越少,因为他们能够承担相应的责任并完成工作。我们多次谈到以人为本和团队精神的重要性，这始终都是企业的基石。

任何领域都会遇到不必要的麻烦。过去的几年里，你处理过很多问题，比如不明智的财政政策，奇怪的生产问题，因为总裁拒绝接受你的意见而不得不重复再三等等，这些问题都会影响到部门的士气和效率。但是作为总裁，你就可以把这些问题消灭在萌芽状态。永远记住，不是琐碎的麻烦，而是如何经营企业的挑战才是对你的勇气的检验。

再来看看你的第三点顾虑——你认为没有足够的天赋胜任这个职位。能够实事求是地评价自己的能力是非常好的，但过低的评价同过高的评价都是错误的。你的经历、经验都使你能够胜任这个职位，在此基础上，你会培养出一个优秀总裁所必备的远见、领导才能和坚定的毅力。

远见是指你希望公司在什么时机向什么方向发展；优秀的领导才能是指确定前进的路线并正确地选择那些能够帮助你实现目标的人；坚定的毅力是指无论中途遇到什么样的困难都能够一直坚持下去。

记住华盛顿所说的："要勇敢挑战强大的事物，赢得辉煌的胜利，即使遭遇失败，也远远胜过那些没有奋斗精神的人，他们不会有太多痛苦，也不会享受太多喜悦，因为他们生活在没有胜利也没有失败的灰色世界里。"

失败的总裁通常都不是很好的组织者，而你是；他们通常不善于沟通，而你擅长；他们经常找不到合适的重要员工和咨询顾问，但你可以。做一个总裁并不意味着你要知道每一件事，你只需要知道怎样合作，怎样让不同职能部门向着一个方向前进，以及快速定位问题并解决它们。

所有这些你都已经知道了，而且你所领导的这个部门当初如果不是由你接手，现在也不会运转得如此稳定。在我看来，坐上总裁的交椅不会给你的工作带来多大的改变。这个椅子比你现在的要高一点，皮质要好一些，但我想你是能够处理这些的！

我已经为你和你的妻子订了两张去海边的机票，如果你能够稍微离开一段时间，在宁静的大自然中再次深入考虑一下这个重大决定，我将感到十分高兴。

伟大人物所达到和保持的高度，并非是心血来潮一蹴而就的，常常在晚上当同伴们都入睡的时候，他们却在努力向上攀登。

鼓起勇气吧，孩子！

爱你的父亲

二十二

亲爱的小约翰：

  这几日我总是咳嗽，身体一天比一天差，我知道日子不多了。我活得够久了，上帝总有一天会把我召回去的。庆幸的是我能在有生之年亲眼看到你继承我的事业，并且把公司经营得这么好。

  约翰，越是在公司发展良好、规模不断扩大时，越要注意公司组织内部的管理和外部市场动向。一个企业，尤其是我们这样庞大的企业，必须具备秩序井然的管理制度，还必须由清醒智慧的大脑执行。以前，我时时注意着自己的言行和部下的举止。每天早上 9 点 15 分，我一定准时到公司上班。我认为哪怕是为了与公司形象相配，每个人也一定要穿戴良好，仪表整洁，起码我就是这样做的。我给每间办公套间免费配备了擦鞋用具，每天早上都请理发师准时给我修面。

  说到时间观念，首先我绝不迟到，因为谁都没有权利浪费别人的时间。其次我喜欢设定时间表，有计划地做事，我从不在小事上浪费时间。每天我会固定休息一会儿，10 点左右停下来，吃点饼干喝点牛奶，午饭后睡一会儿，也是为了恢复精力，使体力和脑力调整到最佳状态，总把每根神经都绷得紧紧的不是件好事。

为人处事方面，我信奉沉默的力量。只有虚伪的人才会随口乱讲，对着记者喋喋不休，谨慎的商人总是守口如瓶的。"成功来自多听少说"和"只说不做的人就像是长满荒草的花园"是我最喜欢的两则箴言。我习惯多听少说，这也帮助我在竞争中获得很大优势，尤其是在谈判中，我的沉默寡言常常使对手不知所措。当我生气时，沉默更能达到击倒对方的作用。

有一次，一位气急败坏的承包商闯进办公室，对我暴跳如雷、大喊大叫，我低头伏在办公桌上继续工作，直到那个承包商精疲力竭时才抬起头来。这时，我靠在转椅里左右转着，看着对方平静地问道："我没听清你刚才说了些什么。你能再说一遍吗？"那承包商立刻如泄了气的皮球，再也鼓不起来了。

每个接触过我的人，都会对我不同一般的沉着冷静留下深刻印象。我敢与任何人打赌：无论他现在说出或做出什么让人无法容忍的事情，也绝不可能让我有丝毫冲动。要知道，我的脉搏每分钟只有 52 次，比一般人低得多。我从不会对雇员发脾气，也不会大喊大叫，更别提什么污言秽语或做出什么不雅的事来。即便是他们犯了错误，要受到处罚，我也会觉得于心不忍。甚至是那些贪污的下属，我也只是把他解雇了，很难做到把他送上法庭。

在对待员工方面，我一向非常用心谨慎。我认为员工对公司是非常重要的。在公司发展初期，我总是亲自参加普通员工的招聘，而当公司规模扩大员工人数已超过 3000 时，我不可能直接参与招聘了。但我只要发现优秀人才，就要想方设法将其招至麾下,即便当时看来不是很需要。我尤其欣赏那些社交能力出众的管理人员,我一直认为,与人交往的能力,就像咖啡和糖一样,是可以买到的商品,而且我为这种能力付的钱比买世上任何东西付的钱都要多。

我还喜欢鼓励员工直接向我提建议,并且关心他们的生活。我常常给那些生了病或已经退休的员工写信,询问他们的情况,不谦虚地说,我在付员工工资和退休金方面绝不吝啬,甚至慷慨。我付的报酬高于同行业的平均水平的。我可以骄傲地说,我相信我手下的雇员都乐意在我的身边努力工作。

我很少公开表扬他们的努力,我通过微妙的暗示督促员工前进。首先,我会全面严格地考验员工,一旦员工得到信任,就会被赋予极大的自主权,除非出了严重的疏漏,我一般不会干涉他们的工作。一般情况下,提拔员工最好的方法是——当你相信他们具备必要的素质并且觉得他们有能力胜任时——把他们推进深水区,任他们自己努力,或是沉入水底,或是游上岸,他们不会失败的。

为了协调如此庞大的机构的工作,我必须下放权力。标准石油公司的部分行为准则是,培养下属主动为公司做事。我曾向一名新员工介绍说:"有人告诉过你在这里工作的规矩没有?还没有?是这样:能让别人去做的工作,就不要亲自去做……你要尽快找到一个可以信任的人,培养他做你的工作,然后自己坐下来,动脑筋想想怎么才能让公司多赚些钱。"我自己就在身体力行地贯彻这一原则,并因此使自己从烦琐的日常工作中脱出身来,把更多的时间和精力用于宏观决策上。

我在技术上并非一个革新者，我所负责掌握的主要是制定公司的政策和理论基础。作为一个管理者，我每天都要面对潮水一般的事务，并以非同一般的反应能力做出判断。而帮助我做出判断的，很大程度上是我身上出众的数学才能。正是通过处理大量数据，我才能掌控管理好这个权力分散的石油王国。我以一种看不见的力量控制着整个公司，这个力量就是我的分类账本。从16岁那份记账员的工作开始，我就喜欢数字，数字也极大地帮助了我，使我把复杂多样的系统得以简化成一个通用的标准。以此标准我能够衡量、检验千里之外的下属机构的经营情况，看到真实的情况。以这种方式，我在全公司推广理性管理的思想：从公司最高机构到最底层，每一项成本计算都精确到小数点后几位。

　　尽管公司取得了非凡的业绩，但我并不认为它已臻于完美。在我看来，每个公司、每家工厂都可以永无止境地加以改进，我一直力图在公司内部营造一种不断追求完美的氛围。公司运作的规模越大，越是要求关注细节问题，尽管在有些人眼中这看上去有些不合常理，但如果在一个地方节约一分钱，就可能为全公司节省上千倍于这个数目的钱。

　　有一年，我视察了一家位于纽约市的标准石油公司下属工厂。这家工厂灌装5加仑一桶的煤油，密封后销往国外。

　　我观察了一台机器给油桶焊盖的过程后，问一位驻厂专家："封一个油桶用几滴焊锡？"

　　"40滴。"那专家答道。

　　"试过用38滴没有？"

　　"没有？那就试试用38滴焊几桶，然后告诉我结果，好吗？"

结果是用 38 滴锡焊的油桶中，有一小部分漏油——但是用 39 滴焊锡的则不会出现这种情况。从那之后，39 滴焊锡便成为标准石油公司下属所有炼油厂实行的新标准。而这节省下来的一滴焊锡，仅 1 年就可为公司节约 2.5 万美元。

像这样的情况还很多，比如我们可以在保持油桶强度的前提下逐步减少桶板的长度，降低桶箍的宽度。我并不只是为了省钱，更是为了使公司的运营达到一种更完善的程度。出于此目的，我坚持要求公司建立稳固结实的工厂设备来降低维修费用，尽管这样做会造成较高的初始成本。我还尽量充分应用从原油中提炼出来的各种成分。公司在成立最初 2 年里主要经营煤油和石脑油。

后来，在 1874 年，公司扩大了业务范围，开始生产其他石油副产品，经营做口香糖用的石蜡和筑路用的石油沥青。不久，公司又开始生产铁路和机器车间用的润滑油，以及蜡烛、染料、油漆和工业用酸。今年，我们兼并了新泽西州的切斯布劳制造公司，以增强我们生产的凡士林的销量。

可以说，在不断追求完善的道路上，我们从来没有停下过脚步。今后，这也仍是我们坚持不懈并要在公司内部贯彻到底的目标和信念之一。上帝给了每个人一条好消息，那就是无法预知自己能变得多么伟大，能拥有多少爱心，能获得多大的成功，拥有多少的潜能。

爱你的父亲

出 品 人：许　永
出版统筹：林园林
责任编辑：许宗华
特邀编辑：王佩佩
封面设计：海　云
印制总监：蒋　波
发行总监：田峰峥

投稿信箱：cmsdbj@163.com
发　　行：北京创美汇品图书有限公司
发行热线：010-59799930